______________________ 님께

이 책 한 권이
당신의 운명에 등불이
되길 기원합니다.

즌 저환

장사 교과서

- ③ 고객편 -

고객의 마음을 얻는 것이 장사다

장사 교과서 ③ 고객편

초판 1쇄 인쇄 2024년 1월 3일
초판 1쇄 발행 2024년 1월 17일

지은이 손재환

발행인 백유미 조영석

발행처 (주)라온아시아
주소 서울특별시 서초구 방배로 180 스파크플러스 3F

등록 2016년 7월 5일 제 2016-000141호
전화 070-7600-8230 **팩스** 070-4754-2473

값 18,000원
ISBN 979-11-6958-092-2 (13320)
세트 ISBN 979-11-6958-080-9 (14320)

※ 라온북은 (주)라온아시아의 퍼스널 브랜드입니다.

고객의 마음을 얻는 것이 장사다
손재환 지음
장사 교과서
장사 교과서 시리즈 ③
고객편
30년 장사 경력의 베테랑 경영 지침서
100,000명 이상 고객경험의 실무 경영서!
한국능률협회 컨설팅디렉터 황창환 박사 강력 추천
RAON BOOK

한국능률협회 컨설팅디렉터
황창환

우리나라에는 수많은 사장님이 소신껏 현장에서 열성적으로 사업을 하고 있습니다. 이른 아침부터 늦은 시간까지 직원들과 함께 최선을 다해 일하지만, 대부분은 고전을 면치 못 합니다. 성공과 정착은 어렵고, 어렵사리 시장에 정착한 사업도 얼마 안 돼 주저앉기 일쑤이고, 지속적인 성장은 더더욱 힘든 것이 현실입니다. 저자는 이를 너무나 안타깝게 생각했고 거기에 어떤 구조적 문제가 있는지를 고민해 왔습니다. 중소기업의 대표로서 자기 일도 버거웠을 텐데, 저자는 아무도 시키지 않았지만 현장에서 사업을 지속적으로 성장시키는 경영의 해법을 찾는 데 몰두했습니다. 참 특이한 사람입니다. 저는 저자와 그런 부분에 뜻이 통해 정기적으로 많은 이야기를 나눴었고, 해법에 대해 진지하게 논의하였었기에 그 생각을 잘 알 수 있었습니다.

그런 저자가 오랜 고민과 노력의 결과라며 원고를 보여주었습니다. 얼른 읽어보니 저자를 닮은 책입니다. 사업의 근본에 집중했고, 거기에 현실 경영과 유연성을 더하였습니다. 중소, 중견기업이 갖추어야 할 경영 원칙과 현장의 원칙, 그리고 시장에서 무서운 경쟁력을 가지기 위한 세부적인 내용까지 담았습니다. 성장과 안정을 절묘하게 균형을 찾아 4권의 책에 배치해 놓았습니다. 평소 날카로움과 부드러움, 큰 비전과 정확한 일 처리, 논리적이면서 열정적인 저자와 꼭 닮은 책이라는 생각입니다.

장사를 하시는 많은 분이 내부에서만 사업의 답을 찾으려고 합니다. 참 안타까운 일입니다. 세상에는 '정해진 미래'라는 게 있습니다. 콩 심은 데 콩 나는 것, 강철 체력 어른이라도 100m만 전속력으로 뛰면 그 다음에는 어린아이에게도 뒤처진다는 것, 철근을 적게 쓴 건물은 균열이 생긴다는 것, 이런 것이 정해진 미래입니다. 제대로 된 사업방식은 정해진 미래로 안내해주는 지침이 됩니다. 저자는 자신의 풍부한 실전 경험과 치열한 연구로 그것을 알려주면서 사장, 고객, 직원, 매장의 핵심 주제를 다룹니다.

이 책은 지식을 넘어서 사업가의 생각과 인사이트를 꼬집는 책입니다. **"사업은 모든 것에 집중하는 것이다"**라는 저자의 말처럼 이 책을 통해 새로운 시각과 실천이 생겼으면 좋겠습니다.

시리즈 서문

대전환의 시대, 어떻게 장사할 것인가?

코로나로 인한 비대면 시대를 겪으며 장사하는 사장들이 많이 힘들어하는 모습을 보았다. 이제는 코로나 시대가 끝나고 여행길도 다시 열리고 모임도 시작됐건만 생활은 이전과 똑같지만은 않다. 코로나 팬데믹을 극복하자고 각국의 정부는 통화량을 늘렸고 위드 코로나 시대가 되자 금리가 올라가기 시작했다. 이러한 경제 환경의 변화로 사람들이 쓸 수 있는 실제 돈의 양이 줄었다. 당연히 소비 심리도 예전 같지는 않고 장사하는 사장들은 여전히 힘들다. 변화가 온다는 건 명확한데 어떻게 살아남고 어떻게 돈을 벌 것인지 많은 사장들이 고민하고 있다.

게다가 대형 매장을 하려면 장사하는 직원들이 꼭 필요한데, 그들이 일을 대하는 자세와 생각이 사장과 너무 달라서 곤란한 일이 여기저기서 발생하고 있다. 이럴 때는 시대를 반영하되 기본으로 돌아가서 장사의 본질을 다시 생각해봐야 한다고 본다. 사장의 장사 철학과 라이프 스타일도 재점검해야 한다. "요새 애들 왜 그래"라고 탓하지만 말고 변화의 주체는 사장임을 인지해야 한다.

내가 장사를 시작한 지도 벌써 30년이 넘었다. 20대에 시작해서 30년 동안 많은 어려움과 역경이 있었지만, 장사를 시작할 때부터 항상 변화하려고 노력했던 내 기준이 상황들에 맞게 잘 대처해서 성공할 수 있었다. 사람들은 보통 안정기에 접어들면 이제까지의 고생을 보상받기를 원하는 것 같다. 그래서 많은 사람들이 초심을 잃고 장사의 기본과 처음의 고마운 마음을 잊은 채 밖으로 돌기 시작한다. 안타깝게도 그게 내리막의 시작이라는 건 인지하지 못한다.

그래서 장사한 지 5년 정도 지나면 의욕도 떨어지고 자신감도 떨어진다. 고객관리가 잘 안 되고, 잘 된다고 해도 경쟁 매장이 생겨버리면 내리막이 시작된다. 이 책은 장사를 처음 시작하려는 사람을 위한 책이기도 하지만, 초심으로 돌아가 장사를 업그레이드하려는 사람을 위한 책이기도 하다. "저는 5년 동안 매출 바짝 올려서 권리금 받고 팔 거예요" 하는 단기간에 대박을 꿈꾸는 사장이라면 이 책은 맞지 않다. 장사를 천직으로 알고 잘되는 장사를 오랫동안 지속하고 싶은 사람을 위해서 나의 장사 철학과 운영 노하우를 공개하고자 한다.

어느 날 누군가 말했다. “사람은 두 부류로 나눌 수 있다. 하나는 보살이고, 또 하나는 군자보살이다. 일반적인 보살은 나의 고생을 보상받기를 원하고 이만하면 내 인생을 즐기면서 맛있는 것 먹고 여행 다니고 편하게 살기를 원하는 사람이다. 군자보살은 내가 이룬 성공을 나 혼자에 만족하지 않고 많은 사람들에게 성공할 수 있는 방법과 노하우를 공유해서 타인의 성공을 도와주는 삶을 살아가기를 원하는 사람이다.”

이 말을 듣는 순간 나는 앞으로 새로운 삶을 살아갈 수 있겠다는 희열을 느꼈다. 나도 뭔가 세상에 도움을 줄 수 있는 사람이 될 수 있다고 생각했기 때문이다. ‘나는 군자보살이 되어야겠다. 그래서 다른 사람들의 성공을 도와야겠다. 그러면 무엇을 할 수 있을까?’ 고민을 많이 했다. 가만히 보니 장사의 경험과 노하우를 책에 담아 사람들에게 주는 것은 내가 할 수 있겠다고 생각했다. 그래서 그것을 이처럼 행동으로 옮겼다.

장사를 처음 시작하는 사람들은 보통 장사를 쉽게 생각한다. ‘장사 그거 아무나 할 수 있잖아? 그냥 물건 잘 만들어서 팔면 되겠지.’라고 너무 쉽게 생각한다. 하지만 막상 장사를 해보면 참으로 어렵다. 고도의 심리전이 필요한 게임을 반복하는 것 같다.

가장 흔한 착각 중 하나는 장사와 사업을 혼동하는 것이다. 장사와 사업은 완전히 다르다. 그런데 사람들은 장사와 사업을 같은 것으로 보는 경향이 있다. 장사와 사업에는 많은 차이가 있지만, 그중에서 가장 크게 다른 점은 장사는 아주 깊은 것이고 사업은 넓은 것이다. 장사에서의 사장은 매장에 항상 있으면서 아주 깊이 숨어 있는 고객의 마음을 읽어내야 한다. 하지만 사업에서의 사장은 밖으로 많이 다니면서 인맥도 넓히고 비즈니스 영역도 넓혀가야 하기 때문에 사무실에 항상 머물러 있지 않아도 된다.

어떻게 보면 사업보다 더 어려운 것이 장사라 할 수 있다. 장사는 참으로 변화무쌍하고 다양한 고객의 마음을 하나하나 헤아릴 수 있어야 하기 때문이다. 사람의 마음은 아주 사소한 말 하나, 행동 하나에 갑자기 순식간에 변해버린다. 그 변화는 다채로우며 그 변화를 파악하는 것은 아주 힘들고 그 변화에 대응하는 것은 엄청 어려운 일이다. 이것을 풀어내는 것은 보통 머리로는 할 수 없다. 장사머리와 공부머리는 확실히 다르다고 말하는 사람이 많은데, 나 또한 30년간 장사하면서 내린 결론 역시 그렇다. 공부를 잘하기 위해 유명한 스타강사에게 배우듯이 장사도 반드시 유능한 사장에게 배워야 한다. 그래야 성공확률이 높아진다.

장사는 사실 아무나 하는 것이 아니다. 그래서 장사도 공부처럼 체계적으로 배워서 해야 한다고 나는 항상 주장한다. 그런데 막상 배우려 해도 장사를 가르쳐주는 곳이 별로 없다. 있다 해도 깊이 있는 내용을 찾기가 힘들고 그저 성공을 위해 롱런하는 장사 방법이 아닌, 아이디어로 단기간 매출을 올리는 장사의 스킬을 담은 책을 구할 수 있는 정도인 것 같다.

나 또한 어렵고 힘든 상황에 있을 때마다 누군가에게 묻고 싶었고 배우고 싶었다. 답답하면 서점에 가곤 했는데 경영 책이나 해외 저자가 써놓은 책들을 보면서 나에게 적용해보곤 했다. 그러다가 '한국에는 오래된 실전 경험을 가지고 배움을 나눠주는 사람들이 많지 않은 것 같다. 내가 30년간 경험한 성공할 수 있었던 노하우를 바탕으로 한국의 대표 장사 이론을 세워야겠다.' 그렇게 마음먹고 내 생각을 적어보기로 했다.

장사라는 일이 성립하려면 장사를 결심하고 운영할 '사장'이 있어야 하고, 장사할 공간으로 '매장'이 있어야 하고, 구매를 해줄 '고객'이 있어야 하고, 고객을 응대할 '직원'이 있어야 한다. 이 네 가지 구성요소가 어울려져 잘 되는 장사 집이 탄생하는 것이다. 이 네 가지 주제를 가지고 30년 장사 통해 깨달은 경험과 노하우를 4권의 책으로 정리해 보았고, 장사를 본질을 알고자 하는 사람들과 함께 내용을 공유하고자 한다.

장사의 본질은 시대와 지역을 초월하여 예전이나 지금이나, 해외나 국내나 다르지 않고 변하지 않는다고 생각한다. 부족한 이 책을 통해 장사의 본질을 잘 깨우치고 변화의 흐름에 잘 적응할 수 있는 사고방식과 용기를 얻길 바라며, 시대, 지역, 트렌드 등 여러 가지 걱정 때문에 장사를 시작하지 못하는 예비사장님이나 내리막길에 접어들어 한숨 쉬며 고민이 많은 현재 사장님께도 도움이 되길 바란다.

또한 글로벌 비즈니스나 해외에서의 장사 역시 조건이 다를 뿐 장사의 본질은 같으니, 이 책을 통해 다시 한번 장사를 계획하거나 초심으로 돌아가 처음부터 하나하나 깊이 생각해 보는 시간이 되었으면 한다.

힘들고 어렵고 외로울 때 장사하는 사람들이 나의 경험과 생각을 정리한 이 책들을 통해 위안을 받고 영감을 얻어 힘들어도 다시 용기를 냈으면 좋겠다. 그런 용기와 행동이 반복되면 장사에도 내공이 생겨 반드시 성공할 수 있다고 확신한다.

그리고 만약 이 책을 통해 어느 정도 장사에 성공한다면 매출만 바라보지 말고 이 책을 처음 선택했을 때의 심정으로 '나는 주변 사람들, 고객에게 무엇을 어떻게 도와줄 수 있을까? 나는 이 세상을 살아가며 조건 없이 무엇을 공유할 수 있을까?'라는 생각을 하며 장사하는 마음도 생기길 바란다.

아무쪼록 이 4권의 장사 책 시리즈 덕분에 대한민국에서 장사에 성공하는 사람이 많아졌다는 말을 들을 수 있기를 간절히 기원해본다.

프롤로그

백양백색, 서로 다른 고객에 대응하라

장사를 하려는 초보 사장이 기술을 익히고 매장을 세팅했다면, 이제 고객을 맞이할 준비를 해야 한다. 최고의 기술을 가지고 고객 만족을 극대화시킬 수 있는 사람이라면 장사는 충분히 성공할 수 있다.

예부터 우리 정서에는 내 집을 찾아온 손님에게는 물 한 잔이라도 대접하는 것이 중요했다. 비록 우리 매장에서 구매를 안 하더라도 손님이 편안하고 기분 좋은 응대를 받도록 하는 것이 사장의 덕목이다. 그런데 지금은 세월이 흐르고 시대가 바뀌어서 이게 왜 비결이 되는지 젊은 사장과 직원들은 잘 모르는 것 같다. 돈 내는 손님은 좋아하고 구매를 안 하는 손님에게는 인상이 험악해지는 경우를 우리 주변에서 심심찮게 볼 수 있다. 장사를 오래 하다 보니 예전보다 각박해진 현실을 느끼는데, 많이 안타까운 일이다.

장사하는 사람은 대처하기 어려운 손님과 마주하면 괴로운 것이 사실이다. 그러나 '우리 매장에 온 고객을 어떻게 만족시킬 수 있을까'라는 관점에서 생각하고 실천하다 보면 그때그때 상황에 맞는 대응을 할 수 있다. 고객 만족을 위해서는 '장사의 끼'를 발휘해야 하는데, 이것은 자연스럽게 발현되는 임기응변이다.

사장은 첫 번째도 고객 만족, 두 번째도 고객 만족, 세 번째도 고객 만족을 생각해야 한다. 장사하는 사장이 매장관리와 고객 응대라는 자신의 업무를 잘 하기 위해서는 고객 만족을 목표로 삼아야 한다. 우리 매장에 들어오는 고객을 어떻게 해서든 만족시키기 위해 자나 깨나 몰두하는 것이 사장이 갖춰야 할 장사의 기본이다. 장사에 중요한 요소들이 여러 가지가 있겠지만 그중에서도 가장 큰 기본은 바로 고객 만족이다.

매장에 오는 고객이 100명이 있다면 고객의 유형은 100가지가 있다고 말할 수 있을 만큼, 고객은 천차만별 다양한 모습을 보인다. 게다가 고객은 마치 카멜레온 같아서 변화무쌍하다. 한없이 예민해 보이다가도 어쩔 때는 한없이 너그러워 보이기도 한다. 그런 고객들을 만족시키는 것은 장사의 성공 열쇠이면서 엄청나게 어려운 일이다. 30년간의 장사 경험을 가진 나 역시도 이게 어렵다. 사실 '고객 만족'이라 표현하고는 있지만 만족이란 것에는 끝이 없다. 만족도는 어제와 오늘과 내일이 다르다. 어제 만족했어도 오늘 내일은 같은 사람이라도 눈이 더 높아진다. 만족한 것에 맞춰져서 기준이 올라가는 것이다. 그래서 지금 장사가 잘 되고 있다고 해도 그에 대한 대비가 필요하다.

사람의 마음을 파악한다는 것은 어려운 일이다. 알다가도 모르겠다 싶은 것이 고객의 마음인지라, 우리 직원 중에는 "저 사람 뇌를 열어서 들여다보고 싶어요"라고 말하는 사람도 있었다. 어떻게 저런 생각을 하는지 아무리 이해해보려 해도 모르겠다는 것이다. 얼마나 어려우면 그런 말을 할까 싶다.

그러나 아무리 고객 유형이 많다고 해도 이 땅의 모든 고객을 다 만나보고 파악한 다음에 장사를 시작할 수는 없는 노릇이다. 하지만 핵심적인 고객 군을 구분할 수 있고 그들을 어떻게 응대할지 알고 시작하면 7할은 먹고 들어가는 셈이니 공부를 해야 한다. 다양한 고객 한 사람 한 사람 공을 들여 만족시키다 보면 대박 매장을 만들어갈 수 있다.

지금 우리는 키오스크에서 결제를 하는 자동화된 세상에 살고 있다. '4차 산업혁명 시대'라는 말이 회자되기 시작한 지는 이미 오래이고, 웬만한 매장들은 기계화되고 비대면으로 바뀌고 있다. 이럴 때 오히려 거꾸로 감성 터치가 들어간 응대를 하면 매장의 가치가 더 높아진다. 희소성이 올라가기 때문이다. 그걸 하고 안 하고는 사장 마음이지만, 다들 비대면을 한다고 해서 우르르 따라가는 것보다 이 책을 통해 고객의 특성을 살펴봄으로써 오프라인 매장만이 가지는 특징을 알고 시작하면 좋겠다. 앞으로는 더욱 고객을 직접 대면하는 정성이 프리미엄 서비스가 될 것이다. 고객이 원하는 것을 세심히 살피고, 매출을 일으키려면 사람의 심리와 대화의 법칙에 관심을 가지기 바란다.

경기도 의왕시에 있는 우리 안경원에는 가까운 곳에 사는 주민들도 오지만, 멀리 지방에서 일부러 찾아온 고객도 많이 있다. 그들은 각각 조금은 다른 기대심리를 가지고 들어오는데, '그 마음을 어떻게 읽고 만족시킬 것인가' 하는 것이 중요하다. 그들이 원하는 것은 싼 가격일 수도 있고, 전문성을 갖춘 서비스일 수도 있고, 또 다른 것일 수도 있다. 어떻게 하면 그 사람이 가진 기대심리를 최대한으로 극대화시켜 줄 수 있을지가 이 책의 핵심 주제이다.

어느 마케팅 책에서 '고객 여정(Customer Journey)'이라는 말을 보고 나서, 이걸 장사에 맞게 정리해 보니 4단계로 나눌 수 있었다. 첫째 '첫방문', 둘째 '경험', 셋째 '구매 결정', 넷째 '단골'로 넘어간다. 여기서 가장 중요한 것은 첫방문과 경험이다.

첫방문은 고객 응대에 따른 첫 느낌을 말한다. 영화에서도 '5분의 법칙'이라는 게 있다. 2시간 30분 정도 되는 영화를 볼 때 5분 안에 뭔가 인상을 남기지 않으면 흥행을 못한다는 것이다. 마찬가지로 매장에 딱 들어왔을 때 첫 느낌이 중요한데, 짧게는 3분 안에 그 매장의 분위기를 느끼게 응대해 주면 다음 프로세스가 쉽다. 요즘에는 키오스크가 나오면서 고객 응대가 없어졌다고 하는데, 앞으로도 그런 비대면 도구들은 늘어날 테지만, 그렇다고 과연 고객 응대를 없애는 것이 경쟁력을 높이는가 생각해 보면, 나는 아니라고 생각한다. 물론 업종의 특성상 어쩔 수 없이 대면을 없애는 경우도 있을 것이다. 어떤 선택을 할지는 사장의 몫이지만, 그래도 고객 응대가 왜 중요성한지 장사의 원리는 알고 있어야 한다.

그리고 경험이 중요한 것은 고객 감동과 연결되기 때문이다. 요즘의 고객은 정보도 많이 알고 있고 기본적으로 똑똑하다. 그런 사람들을 반하게 하고 단골로 만드는 것은 '경험(Customer Experience)'이다. 이제껏 고객들이 쇼핑했던 경험들은 머릿속에 남아 있어서 웬만한 것으로는 감동을 안 한다. 그래서 단골의 개념을 심어주기가 힘들다. 단골이 되려면 '굳이 이곳에 왜 와야 하는지' 그 이유를 제공해야 한다. 결국은 매장을 오픈하고 사장이 고민해야 할 것은 '어떤 경험을 제공할 것인가'이다.

『장사 교과서』 고객편에서 말하고 싶은 것은 크게 두 가지다. 첫째, 고객의 마음을 어떻게 읽을 것인가 하는 문제다. 너무나 다양한 고객들이 있어서 파악하기가 어렵지만, 자주 접하는 몇 가지 유형을 우선적으로 살펴보면 좀 더 쉽게 그들이 뭘 원하는지 그 마음을 들여다볼 수 있을 것이다. 둘째, 고객의 유형을 어느 정도 파악했다면 어떻게 만족시키냐 하는 문제가 남았다. 심령술사나 점쟁이가 아닌 이상 아무런 사전 정보 없이 상대의 마음을 읽을 수는 없다. 대화하면서 마음을 끄집어내고 그 원하는 것을 제공함으로써 설득하고 만족을 주는 과정을 이끌어야 한다. 이 책에서는 그 대화의 스킬에 대해서도 이야기할 것이다.

얼마 전 직원이 "대표님의 판매방식은 고차원적인 비즈니스 협상 같다"며 "반 박자 빨리 고객을 읽어 주도권을 쥐고 대화를 이끌어가는 것이 다른 것 같다"고 말했다. 이 부분은 고객에게 확신을 주고 불신과 불안을 없애는 비결이기도 하다. 고객의 성향은 너무나 다양하다는 점이 장사를 어렵게 하는 요소인데, 그렇기 때문에 장사의 고수는 마음을 잘 헤아리는 사람이다. 어떻게든 고객의 마음을 빠르고 정확하게 캐치하면 고객 만족이나 감동으로 가져갈 수 있다. 이 책의 핵심은 그것이다.

이 책의 시리즈 중 '① 사장편', '② 매장편'의 경우 창업을 꿈꾸고 준비했던 사람이라면 쉽게 공감을 할 수 있을 것이다. 그런데 이번 '고객편'의 경우 실제 사례에서 고객을 경험한 이야기를 위주로 집필한 내용이라서, 장사를 해보지 않은 사람의 경우에는 실감하기 어려울지도 모르겠다. 하지만 실전에서 장사를 하다 보면 하나하나 마음에 와닿고 천천히 공감하게 될 내용들이다. 그러니 처음에는 고객의 유형을 한번 쭉 훑어본다 생각하고 읽어보길 바란다. 그리고 나서 자신의 경험치가 쌓인 후에 다시 한번 이 '고객편'을 본다면 충분히 공감할 수 있을 것이다.

손 재환

차 례

Chapter.2
마음을 얻는 상황별 임기응변의 법칙

Chapter.3
구매 결정력을 높이는 대화의 법칙

Chapter.4

고객을 홍보맨으로 만드는 단골의 법칙

Chapter.5

불만족한 고객 대응의 법칙

내가 심은 나무의 열매가
세상에서 가장 맛있다

The fruit from the tree I planted
is the most delicious in the world.

Chapter. 1

고객 유형을 알아야 고객 만족이 있다

- 신규 고객은 갓난아기와 같다
- 고객은 의심이 많고 변덕스럽다
- 고객은 원하는 걸 말하지 않는다
- 고객이 말하는 "싸다"는 얼마인가?
- 중간을 고르는 극단 회피성의 법칙
- 고가 우량 고객을 30%까지 늘려라
- 편의성이나 전문성을 원하는 고객이 있다
- 예민한 고객은 진상 고객과는 다르다
- 복잡한 고객의 마음을 쉽게 들여다보려면

신규 고객은 갓난아기와 같다

얼마 전 서울 시내의 한 백화점 앞에서 누군가를 기다리고 있었는데, 호두과자와 땅콩과자를 팔고 있는 젊은 청년이 눈에 들어왔다. 번화가의 백화점 앞 메인 도로에서 점포를 열었다면 그곳은 기본은 팔릴 수 있다. 유동인구가 워낙 많아서 1%의 확률로 구매하는 사람이 나타난다고 해도 그 숫자는 상당할 것이다. 이때 고객의 심리를 알고 그 확률을 높이면 돈을 많이 벌 수 있다. 그런데 그 청년은 추운 날씨에 하루종일 서서 과자를 굽기만 하고 있었다. 저녁 7시 정도였고 20분 동안 지켜봤는데 계속 만드는 행동만 하는 동안 손님은 딱 1명이 왔다.

그걸 보면서 '이 좋은 자리에서 조금만 신경쓰면 장사가 잘 될 텐데' 공장 직원처럼 과자만 찍어내고 있는 게 안타까웠다. 그는 고객의 심리를 모르고 장사하는 사람 같았다. '공부를 좀 하고 장사를 하면 더 잘할 수 있는데……' 생각하다가 뭔가 응원해주고 싶은 마음에 호두과자를 한 봉지 팔아주었다.

그 청년들이 매출을 높이기 위해 신경써야 할 것은 시선을 그곳으로 옮기게 만드는 일이었다. 지나가는 사람들은 자기 갈 길을 가기 바쁘다. 특히 추운 날에는 옆에 뭐가 있는지 살피면서 가지 않는 것이 보통이다. 그래서 우선은 시선을 끌어야 한다. "맛있는 호두과자 사세요. 갓 구운 땅콩과자 있어요"라고 소리라도 질러야 한다. 말만 한마디 해도 사람들의 반응은 다르다.

만두와 찐빵이 잘 팔리는 곳은 냄새를 날리고 연기를 피운다는 특징이 있는데, 이것은 시선을 끌기 위한 의도적인 연출이다. 모락모락 김을 내보내기 위해 주전자에 물이라도 끓이는 성의를 보여야 한다. 김이 나면 '추운데 집에 좀 사갈까' 생각할 확률이 높아진다.

시선이 옮겨진 다음에는 마음을 움직여서 먹고 싶게 만들어야 한다. '어, 좀 사가야겠다'는 마음이 들면 구매 확률이 높아진다. 이 청년들처럼 열심히 일한다며 땅콩과자, 호두과자만 찍어내고 있다가는 하루에 몇 개나 팔릴지 장담할 수 없다. 장사하는 사람인지 공장에서 일하는 사람인지 헷갈리면 안 된다. 그 청년들을 지켜보는 동안 과자 만들면서 전화기 들고 통화만 계속 하는 모습을 보고 있자니, 답답한 마음이 들었다.

장사하는 사람은 구매해줄 고객에 대해 관심을 가져야 한다. 지나가는 사람에게 괜히 "안녕하세요" 인사만 해도 효과는 있다. 여기에 "천안 호두과자보다 맛있어요" 같은 멘트를 개발하면 된다. 숫기가 없어서 못하겠다 싶으면 녹음을 해서 틀어놓으면 된다. 아파트 단지 내에서 스피커로 "계란이 왔어요"라고 녹음을 틀어놓고 장사하는 트럭 장수처럼 말이다. "둘이 먹다가 하나가 죽어도 책임은 못 져요", "두 봉지 사시면 한 봉지 더 드려요" 같은 걸 녹음해서 틀면 된다. 물론 제일 좋은 건 직접 내 목소리로 지나가는 사람에게 말을 거는 것이다. '와, 열심히 하네'라는 마음이 동요해서 사주고 싶을 확률이 높아진다.

장사는 사람의 마음을 얻는 것

고객이 어떤 사람인지 알고 장사하는 사장은 어려운 와중에 지름길을 찾아갈 수 있다. 장사하는 매장에서 만나는 고객은 몇 가지 특징을 가지고 있다. 첫째, 그들은 의심이 많다. 둘째, 판매자를 믿지 못하기 때문에 불안해한다. 셋째, 판매자인 나에게 고객은 관심이 없다. 내가 아무리 좋은 걸 가지고 좋은 자리에서 기다려도 말을 걸고 부르지 않으면, 고객은 내가 있는 걸 모른다. 넷째, 고객은 변덕스럽다.

장사를 하려면 사람의 마음을 터치할 줄 알아야 한다. '나는 그냥 호두과자만 팔면 그만이다'라고 생각해서는 판매의 효율성을 높일 수 없다. 자리가 좋으면 팔리기야 하겠지만, 기왕 하는 것이라면 일하는 능률을 높여서 보이지 않는 고객의 마음을 움직일 방법을 찾아야 한다.

사람들은 열심히 일하는 사람을 보면 도와주고 싶어한다. 그러나 '열심히'란 호두과자만 맛있게 굽고 있으면 되는 게 아니다. 고객의 마음을 어떻게 이해하고 설득시키고 내 페이스로 오게 하느냐를 공부하고 있어야 한다. 결국 장사하는 사람은 고객을 잡기 위해, 항상 고객을 관찰하고 연구하는 미션을 수행해야 한다.

장사는 심리전이라서 '살까' 생각했던 손님도 판매자가 말한 마디 잘못하면 금방 변심해서 가버릴 수가 있다. 특히 처음 우리 매장에 방문하는 신규 고객이라면 갓난아기처럼 다루어야 한다. 단골 고객이라면 편하게 있다가 갈 수 있게 응대하면 되지만, 신규 고객은 갓 태어난 아기처럼 조심해야 한다. 갓난아기는 최소한 백일까지는 조심조심 소중히 다룬다. 아기가 울면 엄마는 왜 우는지 찾기 위해 이것저것 살펴본다. 오줌을 쌌는지 똥을 쌌는지, 어디가 간지러운지, 더워서 그런지, 심심해서 그런지, 배가 고픈지 관찰하고 아기가 원하는 것을 찾는다. 이처럼 고객을 잘 관찰할 수 있으면 장사의 선수가 될 수 있다.

장사를 하다 보면 여러 유형의 고객을 만나고 여러 가지 상황에 놓이게 된다. 이때 고객을 소중히 다뤄야 하는데, 험하게 다루면 튕겨나간다. 특히 신규 고객은 쉽게 이탈해버리고 말 것이다. 말도 행동도 조심스럽게 하고 심혈을 기울여 그가 불편해하는 것, 원하는 것을 찾아야 한다. 만약 매장 안에 재방문 고객과 신규 고객이 같이 들어와 있고 엄청나게 바쁜 상황이라면, 신규 고객에게 더 많은 공을 들여야 한다. 그렇다고 재방문 고객을 소홀히 해도 된다는 뜻은 아니다. 잡은 물고기가 된 것처럼 '호구로 여기냐'라는 생각이 들게 만들면 안 된다. 다만, 적절한 비율로 신규 고객에게 더 마음을 써야 한다는 뜻이다. 6:4 또는 7:3 정도의 주의를 기울여야 할 것이다. 겉으론 표시가 안 나야겠지만 내 마음은 신규 고객에게 가 있어야 한다.

고객은 의심이 많고 변덕스럽다

어느 업종이 됐든 고객들은 비슷한 상황에서 비슷한 심리를 보여준다. 결정적인 순간에 미묘한 감정의 변화를 재빠르게 캐치할 수 있는 사람은 작은 디테일로 고객의 마음을 사로잡을 수 있다. 사람은 누구나 이성적 사고를 함과 동시에 감성적 사고를 한다. 고객은 변덕이 아주 심하다는 특징이 있어서, 분명 좋아하는 것 같아 보였는데 순간적으로 마음이 변한다. 때로는 이성적으로 맞는 판단이지만 기분이 살짝 나빠져서 구매 의사를 철회하기도 한다.

장사하는 사람이 고려해야 할 고객의 심리 중 가장 중요한 것은 고객은 의심이 많다는 점이다. 예민한 여자친구나 까탈스러운 남자친구 같다고 생각해도 좋을 것이다. '저 집에 가면 혹시 내가 바가지 쓰지 않을까?', '내 맘에 드는 물건이 없지 않을까?' '저 집은 줄서 있지 않을 걸 보니까 음식이 맛없는 건 아닐까?' 그런 의심을 하는 것이다.

또 고객은 이기적이다. 서비스를 챙겨줘도 남들한테 다 주는 혜택이었다면 고객은 고마워하지 않을 것이다. 그 서비스가 아무리 무료라도 만약 다른 가게에서도 제공하는 혜택이라면 당연한 권리인 줄 안다. 고객은 아무한테나 주지 않고 나만을 위한 특별한 혜택을 줄 때 좋아하고 고마워한다.

고객은 의심이 많고 변덕스럽고 이기적이다. 초보 사장은 고객에 대해 이 3가지 특징만 알아도 고객의 심리를 이해하는 큰 줄기를 잡을 수 있을 것이다. 장사하는 사장은 이 특징들에 대해 반대 방향의 실행을 하면 된다. 어떻게 하면 의심을 해소시킬 수 있을까? 어떻게 하면 마음 바뀌기 전에 내가 더 빨리 움직일까? 어떻게 해야 특별하게 나만 주는 혜택으로 느낄 수 있을까? 이런 관점으로 끊임없이 연구해야 한다. 이런 것이 바로 '사장편'에서도 이야기했던 장사의 '끼'다.

변심하기 전에 먼저 대비하라

얼마 전 우리 안경원에 돋보기를 사러 온 할아버지가 있었다. 입사한 지 3개월 된 안경사가 응대하고 있었는데, 그 직원은 그때 매장의 모든 상품 가격을 다 파악하지 못하고 있었다. 보통 기성품 돋보기안경은 3천~1만 원 정도 하는데, 카운터 옆에는 독일제 고급 돋보기가 비치되어 있었다. 아주 얇은 돋보기로 소비자가격이 3만8천 원이었다. 이걸 우리 매장에서는 3만5천 원에 팔고 있었는데, 할아버지는 이걸 보고 "얼마예요?"하고 문의했다.

입사 3개월 차 10년 경력 직원은 가격을 잘 몰라서 카운터에 있는 동료한테 가서 "저 돋보기 얼마예요?" 하고 묻고 왔다. 그런데 이 직원이 3만8천 원이라는 소비자가격만 듣고 알려준 것이다. 할아버지는 "비싸네" 하면서도 그대로 서 있었다. 그런데 그 앞에 있던 연차가 좀 오래된 직원이 "그거 3만5천 원 받는데" 이렇게 말한 것이다.

고객 입장에서는 3만8천 원인 줄 알았다가 더 싸다는 걸 알았으면 좋아해야 하는데, 결과는 그렇지 않았다. 그 상황에서 빈정이 상한 할아버지는 매장을 나가버린 것이었다. 그렇지 않아도 '비싸다'고 생각하고 있었지만 그냥 나가긴 어색해서 고민하고 있었던 것인데, 다른 금액을 듣자 "뭔데 이랬다 저랬다 그래" 하며 꼬투리를 잡은 것이다. 고민하던 찰나에 핑계 댈 거리가 생긴 셈이었다. 그야말로 찰나의 순간이었다.

고객이 나간 다음에 입사 3개월차 직원을 불러서 일러주었다. "첫째는 너의 잘못이 가장 크다. 매일 가장 잘 보이는 곳에 놓여 있는 돋보기가 얼마인지 아직도 모르는 건 문제가 있다. 아무리 3개월차라 해도 그 정도는 알았어야지. 나 같으면 궁금해서라도 알아봤을 것 같은데. 그 가격을 알고 있었다면 괜찮았을 거야. 네가 몰라서 물어보러 갔기 때문에 그 짧은 시간 동안 고객이 생각을 하게 만들었어. 둘째는 선배인 저 친구가 3만5천 원 받는다는 말을 하필 그 순간에 한 것이 잘못이다. 그 말을 안 했으면 고객은 고민은 했어도 샀을 것이다. 혼란을 주는 한 마디를 덧붙이는 바람에 고객이 변심할 기회를 준 것이다."

사실 그 상황은 돋보기 한 개를 못 팔았던 것이 아쉬운 게 아니었다. 매출을 3만5천 원 올렸냐, 3만8천 원 올렸냐가 중요한 것이 아니다. 직원들의 사소한 행동 하나 때문에 그 고객이 우리 안경원을 보는 이미지는 나빠졌을 것이다. 고객이 우리 매장을 보는 이미지는 돈으로 환산할 수 없는 가치다.

입사 3개월차 직원은 당시 10년 경력의 안경사였다. 그 정도 경력에 새로운 안경원에서 3개월간 일했다면 구석에 있는 상품까지는 몰라도 최소한 눈에 보이는 상품에 대해서는 알았어야 했다. 아직 프로 정신이 부족하다는 뜻이고, 그래서 변심하는 고객에게 미리 대비하지 못한 것이다. 변심은 순간적으로 확 바뀌는 마음이다. 고객에게 생각할 시간이 주어지면 변덕은 순식간에 생겨나는 법이다.

모든 고객에게 똑같이 잘해줄 순 없다

주말에 바쁜 와중에 부부가 손님으로 왔다. 60대 중후반 정도 되는 분들로 우리 안경원에 2년 만에 온 것 같았다. 주말에 2시간 정도 응대하며 따라다녔는데, 선택한 안경들이 모두 합해 160만 원이 나왔다. 수입품으로 최고급 안경테와 렌즈를 골라서 몇 번에 걸쳐 딜을 하고 금액을 깎아줬다. 그들은 "우리 멀리서 왔어요. 아들이 밖에서 기다리는데 밥도 못 사줬어요"라면서 호소했다. 하도 오랫동안 응대를 했던 터라 힘이 들어서 그분들 원하는 가격으로 140만 원에 맞춰줬다.

그런데 그 다음날, 그분들은 아들만 보내서 취소를 해달라고 했다. 안경렌즈가 이미 주문이 들어간 상태였는데, 그들은 아무 사유도 말하지 않았다. 단순한 고객 변심인 것이다. 우리 매장 입장에서는 바쁜 시간대에 2시간 동안 서비스 응대를 해준 건데 이유도 설명하지 않고 그냥 취소를 해달라고 한 것이다. 공산품인 안경테는 그렇다 쳐도, 안경렌즈는 의료기기이고, 또한 검사를 다 해서 개인 맞춤 제작에 들어간 제품을 그렇게 취소하는 건 기본적인 소양의 문제다. 과정에 대해서는 전혀 보상을 못 받고 그걸 당연시하는 풍조 때문에 장사하는 사람들은 억울하고 상처받는다.

변호사에게 물어보니 법적으로는 수고비를 받을 수 있다고 했다. 보통 때 같으면 취소를 안 해줄 텐데 이번엔 다르게 조치했다. "앞으로 저분들은 손님으로 안 받겠다. 홍보 문자도 보내지 말고 버려라" 하고 직원들에게 지시하고 나서 취소를 해줬다. 현재 내가 의왕시에서 운영하는 안경원은 9년째 터를 잡고 있는 곳이라 현재는 손님들을 거를 수 있어서 가능했던 일이다(뒤에서 이야기하겠지만 오픈 초기에는 이렇게 하면 안 된다).

장사하면 속이 문드러진다는 것이 이런 경우 때문이다. 그분들은 집에 가서 무슨 일이 있었는지 모르겠지만, 나이가 어린 사람도 아닌데 참 일방적이다. 이럴 때 직원들도 나도 위로받으려고 이렇게 말한다. "너희는 나이 먹고 저렇게 살지 마라." 2시간 동안 일한 걸 돈 한 푼 못 받고 취소당하면 그 허탈감은 진짜 대단해서 며칠 동안은 일이 손에 안 잡힌다. 그래서 고객의 변덕을 최소한으로 방지하기 위해 그만큼 잘 살펴야 한다.

고객의 이기심에 대해서도 사전에 예방할 수 있도록 대비하면 좋을 것이다. 그래서 내가 주장하는 건 SNS의 활용은 부작용이 많으니까 장기적으로 본다면 적당히 하는 것이 좋다. 음식장사가 어려워진 것 중 하나가 바로 블로그와 SNS 때문이라고 생각한다.

예를 들어, 냉면집이 있다고 해보자. 어느 날 손님이 별로 없는 시간에 방문한 어떤 손님에게 왕만두를 서비스로 주었다. 그 날따라 유난히 손님이 얼마 없어서 그렇게 한 것인데, 그 손님은 공짜로 서비스 음식을 받은 걸 블로그에 썼다. 그게 너무 좋았다고…. 그런데 그걸 보고 냉면집에 찾아간 다른 사람은 이 서비스가 기본이라고 생각하고 마치 맡겨놓기라도 한 것처럼 "그 사람에게 준 서비스를 나한테도 지금 줘야지"라면서 왜 안 주느냐고 화를 냈다. 요즘 식당 사장들은 이런 문제에 굉장히 스트레스를 많이 받아서, 방문했던 손님의 블로깅을 예전처럼 그렇게 고마워하지 않고 오히려 사양한다고 한다.

면대면 대응은 표시가 안 나니까 괜찮은데, SNS는 특정인에게 내가 준 서비스가 오픈이 되니까 문제다. 그렇다고 모든 고객에게 다 똑같이 해줄 수는 없다. 그러면 만족도가 떨어진다. 게다가 너도 나도 서비스를 주면 원가가 높아지기 때문에, 고가 제품을 샀거나 매출을 크게 올려준 특별한 고객 위주로 제공하는 게 맞다. 우리나라 장사에서만 유독 "우리 집 식구들이 여기 다 오는데 인심이 왜 이리 야박해" 같은 말이 나온다. 줘도 줘도 끝이 없고, 주면 더 달라고 하는 게 고객이다. 그래서 서비스를 제공할 때는 '이번 한 번만', '당신에게만' 특별히 드리는 것이라는 점을 강조해야 한다.

고객은 원하는 걸 말하지 않는다

의왕시에 있는 나의 안경원 매장은 1층에 검안, 제조, 피팅을 하는 공간이 있고 2층에는 1만여 종의 안경테를 직접 써보면서 고를 수 있는 쇼룸이 있다. 어느 날 허름한 점퍼를 입고 온 손님 한 분이 2층으로 혼자 올라갔는데, 직원 한 명이 응대를 했다. 그는 5분 만에 고가의 수입품 100만 원짜리를 팔았다. "보여드릴까요?" 했더니 가격도 안 보고 "이거 주세요" 하는 바람에 응대 시간이 5분도 안 걸렸다고 한다.

직원이 하는 말이 "사람은 역시 겉보고 판단하면 안 되겠어요"라고 했다. 외모만 보고 안 살 사람이라고 생각했는데, 나중에 알고 보니 배달 앱을 개발하는 IT기업 대표라고 했다. 부자는 모두가 명품을 빼입고 다닌다면 고가품 장사는 참 쉬울 것이다.

그렇지만 현실은 그렇지 않다. 이분의 경우에는 상당히 응대가 쉬웠던 셈이지만, 장사는 손님에게 원하는 것을 대놓고 물어보지 못하기 때문에 어렵다. 괜히 잘못하면 자존심을 건드릴 수도 있다. 비싼 걸 원하는데 싼 걸 권하면 기분 나빠서 나가버릴 수도 있고, 싼 걸 원하는 고객에게 비싼 걸 권하면 부담감 때문에 나가버릴 수도 있다. 이걸 제대로 파악하는 방법은 대화밖에는 없다. 겉으로 보이는 모습은 참고로 삼을 뿐이다.

'사장편'에서 소개했던 것처럼 장사에는 상담, 홍정이 있느냐, 매장 안에서 조제 과정을 거치느냐에 따라 5가지 형태로 나눌 수 있다. 이 책은 상담과 홍정이 있는 장사를 중심으로 이야기하고 있는데, 그 이유는 상담과 홍정이 있는 장사를 할 수 있으면 상담과 홍정이 없는 장사는 아주 쉬워질 것이기 때문이다. 안경원은 조제, 상담, 홍정이 모두 들어가 있기 때문에 참 어려운 장사다. 뒤돌아보면 참 어려웠지만, 즐기면서 30년 넘게 해왔고, 그 노하우를 공유하고 싶어서 이 책을 쓰고 있다. 장사를 할 때는 만드는 기술도 중요하지만 고객의 마음을 내 편으로 만드는 기술이 무엇보다 중요하다. 구매할까 말까 고민하는 고객을 랜딩시키는 기법은 고객의 마음을 읽고 만족시켜 주는 기술에 있다.

사람마다 그 매장에 온 이유는 여러 가지가 있지만, 크게 3가지로 분류할 수 있다. 첫째, 가격이 만족스러워서 오는 고객이 있다. 둘째, 편의성 때문에 오는 고객이 있다. 예를 들면, 거

리가 가까워서 오는 것이다. 셋째, 전문성을 만족시켜 주기 때문에 오는 고객이 있다. 안경원이라면 누진다초점 렌즈를 쓸 때의 불편함을 최소화시켜 주는 곳이라든지, 피팅을 완벽하게 해주는 곳이 될 수 있고, 식당이라면 할랄 음식점이라든지 채식 레스토랑 같은 곳이 될 수 있다.

장사에서 특히 홍정이 들어가는 업종이라면 정확하게 고객을 파악해 구매 스토리까지 볼 수 있어야 한다. 이마트에 장 보러 다니는 고객인데 고가의 안경테가 많은 매장에 왔다면 비싸 보일 것이다. 내가 파는 게 목적이 아니라 고객이 여기까지 온 이유, 원하는 게 뭔지를 찾아야 한다. 장사의 고수는 때론 당장의 매출을 뒤로 하고 밑지고 팔 때도 있다. 고객이 어떤 가치관으로 살아왔는지 파악하고, 그의 영향력을 판단해서 투자 값어치가 있다고 고려했기 때문이다. 사장과 달리 직원은 실적을 올려야 하기 때문에 그게 잘 안 보인다. 그래서 직원들 교육을 시킬 때도 획일적인 방향은 좋지 않다. 반면에 사장은 장사를 오래 해야 하기 때문에 다르다. 롱런을 위해서는 매장의 이미지를 좋게 만들어야 하고, 고객과 상황을 읽고 해석할 수 있는 스킬이 필요하다.

스무고개를 잘 해야 장사를 잘 한다

장사가 어렵다는 건 고객이 어떤 니즈를 가지고 있는지 파악하기가 일단 힘들기 때문이다. 가격이 중요한 사람인지, 전문성이 중요한 사람인지, 편의성이 중요한 사람인지 파악했다 해도 다음 난관이 있다. 예를 들어, 가격이 중요한 사람이라는 걸 알았다 해도 고가 제품이 필요한지, 중저가 제품이 필요한지를 또 파악해야 한다. 고객이 구매력이 있는 사람이라 해도 '오늘은 좋은 상품을 살 거야'라고 마음먹었는지, 잘 보이기만 하면 되는 스페어 안경을 사러 왔는지 알 수가 없다. 식당이라면 거하게 먹기 위해 들어왔는지, 간단히 먹고 싶은지, 들어갈 데가 딱히 없어서 왔는지 알 수 없다.

고객의 성향과 그날의 상황을 추측하지 못하면 고객은 나가 버릴 것이다. 그러면 장사는 완전히 실패다. 흥정이 있는 업종에서는 대놓고 물어보는 걸 하지 못하니까 다른 걸 물어보는 척하면서 파악할 수 있는 법을 익혀야 한다. 음식점이라면 "간단한 걸 드시겠어요? 맛있는 걸 원하세요?"와 같은 질문을 잘해야 한다. 그래서 장사를 잘하려면 스무고개에 능해야 한다.

고객의 성향을 파악하려면 질문을 잘 던져야 하는데, 그 비법은 스무고개에 있다. 어린 시절부터 누구나 스무고개를 해봤을 것이다. 상대가 마음에 품고 있는 걸 20개의 질문을 통해서 찾아내는 게임이 스무고개다. 장사를 잘 하는 훈련은 마음 읽기 연습을 하는 것이다. 20개의 질문을 무엇을 할 것인지 잘 찾아가다 보면 '이 사람이 오늘 이래서 왔구나' 하고 마음을 캐치할 수 있는 순간이 올 것이다. 그러면 '어떻게 해줘야겠다'를 찾아낼 수도 있을 것이다.

고객과의 스무고개를 잘 하면 비싼 걸 팔아도 클레임이 안 걸리고, 싼 걸 팔아도 클레임이 안 걸린다. 고객의 마음을 모르고 무리하게 판매하는 것은 니즈를 파악하지 못했기 때문이다. 요즘의 젊은 직원들은 형제 없이 자란 사람도 많고 대화를 잘 못한다. 전화하는 걸 두려워하는 세대라서 수강료를 내고 전화하는 법을 배운다는 이야기도 들린다. 대면해서 주문을 하는 게 어려워서 키오스크가 없는 곳이면 안 가는 아이도 있을 정도다.

그런데 이렇게 대면을 어려워하는 사람이 고객으로도 온다. 이제는 스무고개가 아니라 열고개, 다섯고개로 상대를 파악해야 하는 세상이 온 것이다. 그렇기 때문에 더욱더 대면 장사에서는 질문을 잘 뽑아내면 판매자 입장에서 훨씬 더 유리하게 상황을 읽을 수 있다. 그걸 어려워하는 사람이 많다는 건 앞으로는 질문을 잘하는 사람이 누구보다 성공할 것이란 뜻이 된다. 아무리 키오스크가 들어오고 이동하는 로봇이 식당에서 서빙을 해도 고객 응대에서는 인간의 유능함이 엄청난 메리트가 될 것이다. 마음을 건드려서 충족시키는 고객 만족은 인간만이 할 수 있다.

동문서답을 잘 하면 상황을 장악할 수 있다

사람의 마음을 읽고 컨트롤할 수 있는 역량은 장사를 하는 데 있어 중요한 작용을 한다. 특히 판매자를 힘들게 만드는 손님이 있을 때가 있다. 특별한 이유 없이 환불을 요구한다거나 말도 안 되는 서비스를 강요하는 등 사회통념상 상식 수준을 벗어나는 행동을 하는 고객이 있다. 일명 '진상 고객'이다. 이런 손님을 대할 때는 동문서답을 하는 것이 전략이 된다. 고객이 질문하는 것에 대해 너무 진솔하게 대답하다가 오히려 상황이 꼬이는 경우가 참 많다.

어느 강의 업체에 전화 문의를 해온 사람이 있었다. 그 사람이 관심있었던 인터넷 강의가 마침 휴강 중이었는데, 전화한 고객은 그 강사를 얼마 전부터 알고 있었다고 한다. "친구가 이 강의를 들었다"며 그는 이것저것 묻기 시작했는데 나중에는 별의별 질문을 다 했다. 그 업체에서는 언제부터 이 사람을 알았는지, 수업을 잠시 왜 멈추고 있는지 물었는데, "강사 개인 사정입니다" 그랬더니 무슨 사정인지 아픈지 질문이 꼬리에 꼬리를 물었다.

결국 이 사람이 듣고 싶은 이야기는 '인터넷 강의를 듣고 싶은데 지금 하고 있냐 아니냐'는 것이었다. 그래서 "이 프로그램은 개강을 하면 관심자들에게 문자를 돌리는데, 문자가 오지 않는다면 강의가 없는 겁니다"라고 말하면 끝날 일이었는데 20분 동안 통화에 기운을 뺀 것이다. 완전히 말려들어간 직원은 전화를 끊고 나서 너무 힘들어했다고 한다.

답해줄 필요가 없는 질문이 나오면 실제로 강사가 아프건 안 아프건 중요하지 않으니까, "지금은 개강할 예정이 없습니다. 다시 개강하면 문자가 갈 겁니다. 문자 해드릴까요?"라고 필요한 답만 했다면 어땠을까. 다른 걸 또 질문하면 그냥 뻐꾸기처럼 똑같은 답을 하면 됐을 것이다. 동문서답이지만 같은 말을 세 번 하면 힘빠진 상대가 알아서 전화를 끊을 것이다.

동문서답하면 대화가 연결이 안 되니까 쓸데없는 질문을 차단할 수 있다. 진상 고객은 대화의 주도권을 내가 가지고 오지 못해서 발생하기도 한다. 우리 안경원에서는 직원들에게 시뮬레이션 교육을 많이 시키는데, 주도권을 유지하는 게 힘들어서 절절 매는 경우가 많다. 무의미한 질문에도 직원이 진지하게 대해주면 그냥 화풀이 대상이 필요했던 진상 고객은 아주 좋아할 것이다.

고객이 말하는 "짜다"는 얼마인가?

세상에는 다양한 가지각색의 고객들이 있다. 고객이 100명이 있는데 고객의 유형이 100가지라고 생각하면 너무 어렵다. 그러니 이들을 그룹화시켜서 접근해보면 쉬워질 것이다. 가격, 편의성, 전문성 등으로 나누어보는 것이다.

장사에 관해 이야기하는 책들을 보면 장사의 방법을 두 가지로 설명한다. 『망하는 방법』이라는 책의 저자는 피부샵을 운영하는데, 자신이 잘할 수 있는 것을 제공하는 프레임을 짜놓고 그것에 해당하는 고객만 받는 것을 추천한다. 고객을 세분화해서 특정 고객만 공략하겠다는 전략이다. 그 프레임에 맞지 않는 고객은 처음부터 안 받으면 되니까, 그렇게 하면 스트레스를 덜 받기 때문에 좋은 방법이 될 수 있다. 다만 처음에 설계할 때 타깃팅을 아주 정확히 기획하고, 내가 줄 수 있는 전문성을 갈고 닦으면 된다.

반면에 내가 주장하는 또 다른 방법은 모든 타깃을 아우르는 대중적인 장사이다. 취급하는 상품에는 비싼 것도 있고 싼 것도 있으니까 모든 고객을 받는데, 이것은 고객을 만족시킬 확률을 높이기 위한 노력이 필요하다. 만약 최저가가 10만 원인 매장으로 프레임을 정했다면 그걸 비싸다고 여기는 사람은 받지 않을 것이다. 이 방법은 누구든 할 수 있는 것이어서 상대적으로 쉽다. 내가 팔 수 있는 걸 팔면서 그 범위 안에 들지 않는 사람은 다른 곳으로 가게 하는 것이다. '우리는 이런 걸 팝니다. 다른 건 안 팝니다'를 표방하는 것이다. 그렇게 프레임으로 장사하는 경우에는 따로 설명할 것이 없다.

이 책에서 알려주는 장사의 노하우는 어느 가격대이든 다 파는 경우이다. 다양한 많은 손님이 들어오는데 고객의 가격 기준을 내가 어떻게 측정하느냐 하는 홍정이 있기 때문에 그런 장사는 어렵다. 이럴 때는 매장에 들어온 저 손님이 생각하는 '싸다'가 어떤 것인지 파악하는 게 우선순위다. 뒤에서 더 자세히 얘기하겠지만 그걸 알려면 대화의 기술이 필요하다.

'이 정도면 싸다'를 파악하는 센스

가격은 장사하면서 가장 많이 부딪히는 부분이다. 싸게 구입

할 수 있다는 기대를 안고 매장에 온 고객은 가격으로 접근하면 응대가 쉬워진다. 입고 있는 옷, 타고 온 자동차 등 우선은 눈에 보이는 것들을 보면서 고객이 원하는 가격대를 판단할 수 있다. 가격에 예민한가 아닌가, 고가품을 원하는 손님인가 아닌가 하는 확신을 얻으려면 대화를 해봐야 한다.

안경원에서는 그 손님이 쓰고 온 안경을 살펴보는 것으로 어느 정도는 판단이 가능하다. 브랜드가 있는 수입품을 쓰고 있다면 수입품 고가를 찾을 확률이 높다. 물론 세컨드 안경으로 좀 더 가격대가 낮은 국산을 원할 수도 있지만, 확률적으로 그렇다. 주소를 봤을 때 가까운 곳에서 왔는지 멀리서 찾아왔는지 보고 판단할 수도 있다. 상담을 해보면 이 사람이 난시 같은 특별한 상황 때문에 전문성 있는 케어를 원하는지 짐작할 수 있다. 이런 여러 가지 상황을 파악하면서 고객 응대를 하면 고객 만족에 다다르는 시간을 단축할 수 있다.

직원들은 매출을 높이기 위해서 고객을 과하게 설득하는 경우가 있다. 이러면 만족도가 떨어지는데 10만 원을 예상했던 고객이 설득하는 판매자 때문에 20만 원을 소비했다면 매출은 올라가겠지만, 문 열어 나가서 집에 돌아갔을 때 만족하고 다시 올 확률은 50%로 줄어든다. 나가자마자 '괜히 샀어. 꼬셔도 안 넘어가야 하는데' 할 수 있다. 판매하는 사람이 말도 잘 하고 맘에 들어서 순간적으로 판매를 결정했을 수 있다. 물론 그렇게 하는 것도 방법은 되겠지만 장사의 고수라면 고객이 원하는 걸 제대로 파악하는 테크닉을 발휘했을 것이다.

신규 고객이 왔을 때 판매자는 오늘 이 사람이 얼마짜리를 하고 싶은지 모르는 상태에서 "얼마짜리 하실래요?" "얼마 생각하세요?"라고 직접적으로 묻기는 어렵다. 안경렌즈도 어떤 사람은 3만 원짜리를, 어떤 사람은 20만 원 이상의 고가 제품을 원한다. 많은 종류들 중에서 선택을 해서 제안해야 하는데, 물어도 알려주지 않겠지만 기분 나빠할 수 있다는 것이 더 문제다. 그 상태에서 이 사람의 오늘 예상 금액을 잡아내야 하니까 어려울 수밖에 없는 것이다. 얼마 전에 직원과 상담을 하다가 나는 이에 관한 스킬을 하나 알려줬다.

가격 만족에 대해서는 참 어렵지만, 고객이 생각하는 '싸다'의 기준을 장사의 고수들은 대화로서 파악한다. '이 정도면 싸다'라고 생각하는 금액은 3만 원일 수도 있고 5만 원일 수도 10만 원일 수도 있다. 가격이 비싸다, 싸다는 기준은 사실 보편적인 것이 없고 고객 개인마다 다르다. "이런 건 얼마예요?" 하고 묻는 고객에게 "싼 건 3만 원부터 있습니다"라고 하면, 어떤 사람은 '3만 원이면 싸네'라고 생각할 수도 있지만 어떤 사람한테는 3만 원이 비쌀 수도 있다. 여기서 실수를 하면 '아, 내가 센스가 없어서 잘못 짚었구나' 하는 순간이 오는 것이다.

고객의 니즈는 한마디로 하면 '좋은 물건을 싸게' 사는 것이

다. 좋은 제품을 속지 않고 싸게 사기를 원하는 것은 소비자 관점에서는 어쩔 수 없는 불변의 진리다. 장사하는 사람은 그걸 맞춰줘야 한다. 이문은 남기면서 그걸 맞춰줘야 하기 때문에 장사는 어렵다고 하는 것이다. 고객이 생각하는 가격과 내가 생각하는 가격을 매치시켰을 때 만족이 나오는데, 물론 세상 모든 사람을 내가 100% 다 충족시킬 수는 없다. 다만 그 확률이 70~80%는 된다면 그 사람은 장사에서 프로라고 할 수 있을 것이다.

중간을 고르는 극단 회피성의 법칙

고객은 "나는 얼마짜리를 원해"라고 정직하게 말하지 않는다. 그래서 고객이 과연 얼마짜리를 원하고 나는 그것을 제공해줄 수 있는가 판단하는 것이 홍정이 있는 장사의 가장 큰 부분이다. 이때 판매자는 이 사람한테 싼 가격이 어느 정도인지 대화로서 빨리 찾아야 한다. 이 사람이 그때까지 가지고 있던 가격 기준을 알면 고객 만족도는 높아진다.

'싸다'의 기준을 알려면 고객이 원하는 상품의 저가, 중가, 고가를 오픈해주는 것이 가장 보편적인 방법이다. 보통은 나열식으로 보여주는 경우가 많다. 예를 들어, "이건 1만 원짜리, 이건 3만 원짜리, 이건 5만 원짜리입니다"라고 보여주고 선택할 수 있게 하는 것이다. 쭉 설명하는 방식인데, 이렇게 하면 쉽게 할 수는 있지만 고객이 생각하는 오늘의 예산은 정확히 알기 어렵다.

보여 달라는 고객에게 판매자는 3개 정도 이야기하는 경우가 많은데 1만, 3만, 5만 원대를 권할 수도 있지만, 3만, 5만, 7만 원대를 권할 수도 있고, 7만, 10만, 15만 원대를 권할 수도 있다. 이때 심리적으로 사람들은 중간을 선택할 확률이 높다. 그렇지만 그게 '좋은 걸 싸게 잘 샀다'는 만족감과 일치한다는 뜻은 아니다. 판매자가 생각하는 저가, 중가, 고가와 고객이 생각하는 저가, 중가, 고가는 다를 수 있다.

보기에 고가품 소비자일 것 같은 사람에게 처음부터 "1만 원짜리가 있고, 3만 원짜리가 있고, 5만 원짜리가 있어요"라고 제시하는 건 좋지 않다. 일단은 그 사람의 외모나 나이, 타고 온 차 등 여러 가지 것들을 보고 종합해서 고객군을 짐작할 수 있어야 한다. 그 부분은 결국 경험을 쌓고 감각을 익힘으로써 제대로 판단할 확률을 높일 수 있다.

고객이 예상한 금액을 알기 위해서는 저가 상품으로 툭 찔러 볼 수 있다. 예를 들어, "얼마 정도 해요?" 묻는 고객에게 "싼 거는 1만 원 정도 합니다"라고 말한다. 만약 1만 원을 생각했고 예전에도 1만 원에 구매한 고객이라면 "그걸로 해주세요" 하면서 안심할 것이다. 그런데 조금 더 좋을 걸 원하는 사람이면 "그런 거 말고 좀 더 좋은 거 없어요?" 한다. 이 상황에서 하수들은 다음에 3만 원짜리를 보여준다. 그런데 장사의 고수들은 이때 5만 원짜리를 보여준다. 이럴 때 두 가지 반응이 나온다. "비싼데 그거 말고" 하는 반응이라면 이 사람은 3만 원을 예상한 것이다. 만약에 두 번째로 3만 원짜리를 제시했다면 매출액은 5만 원까지 올라가지 못하고 2만 원으로 결정될 확률이 높다. 사람들은 심리적으로 중간을 선택하기 때문이다. 이것을 '타협 효과' 또는 '극단 회피성'이라고 부른다. 두 번째로 5만 원을 보여줬을 때 그 금액이 부담스럽지 않은 사람은 "그걸로 주세요" 하거나 매출 금액은 더 올라갈 수도 있다.

고객과 대화할 때 처음 스타트하는 금액에 대해서는 정답이 없다. 고가를 살 것 같다고 예상했을 때는 "괜찮은 건 5만 원부터 있어요" 이런 식으로 말한다. 그때 만약 내가 잘못 짚었다면 가격을 다시 내리거나 올리면 된다. 그 고객이 저가, 중가, 고가 중 중가의 상품을 원했다면 다시 중가 중에서도 또 상중하를 가늠해 보여주면 된다.

어떤 가격을 선택했든 만족을 주는 법

대화를 통해서 '이 사람은 3만 원 예상했구나' 싶을 때는 "3만 원짜리 이거 좋은 겁니다" 하고 그 선택에 대해 칭찬을 보태야 한다. 비싼 걸 팔고 싶다고 해서 고가만 계속 좋다고 칭송하는 것이 아니라 저 사람이 사고 싶어하는 것을 좋다고 칭찬하는 것이다. 그래야 그 손님의 상품과 가격에 대한 만족도가 올라간다.

3만 원짜리 선택하려는 사람에게 계속 5만 원짜리가 좋은 거라고 얘기하면, 5만 원짜리를 팔았다 해도 고객 만족은 얻을 수 없다. 매출에 집중하느냐 만족에 집중하느냐에 따라 판매 방법은 달라진다.

"3만 원짜리 많이들 사가세요"라는 판매자의 그 말 때문에 고객은 만족을 얻는다. 3만 원 이상으로 돈을 안 쓰고 싶은 사람이라면 대화를 통해서 자기 안에 숨겨진 의도를 자연스럽게 표현했을 것이다. 부담스러워하는 사람은 말과 태도에서 느낄 수 있다. 부담을 느끼지 않는 사람은 좋은 걸 권했을 때 "어 그래요? 그걸로 해주세요" 하는 경우가 많다. 대화를 통해서 내가 던지는 멘트에 따라 고객의 반응을 알게 모르게 세밀히 살펴야 한다. 판매자가 그걸 못하면 계속 나열식의 설명밖에 하지 못한다. 고객 반응에 따라 판매 방식은 바뀔 수 있어야 한다.

팔고 싶은 물건의 장점과 차이점만 계속 설명하는 것은 고객이 어떤 유형인지 '사람'은 보지 못하고 물건의 정보만 전달하고 있는 것이다. '사람'을 보지 못하면 판매자의 욕망이 드러나면서 결국에는 비싼 걸 더 많이 설명한다. 저가 상품의 장점이 1개라면 중가 상품은 장점이 2개, 고가 상품은 장점 3개를 말할 것이다. 당연히 장점이 많으면 비싸지겠지만 고객 입장에서는 비싼 걸 원하는 경우가 아니면 만족도가 떨어진다.

물론 비싸다는 사람에게 설명하고 설득해서 고객의 예산 금액을 위로 올리는 사람도 있다. 그렇지만 내가 이 책에서 말하고 있는 것은 고객 만족에 대한 것이고 그런 방법은 바람직하지 않다. "5만 원부터 있어요.", "그렇게 비싸요?", "요새 이 정도는 해야 돼요." 이런 식으로 몰아가면 추천하는 상품을 고객이 사갈 수는 있다. 그러나 불안을 느끼고 자존심이 상한 그는 뒤돌아서 간 다음에 다시는 재방문하지 않을 것이다. 고객 만족이 이뤄지지 않으면 롱런하는 장사를 할 수 없다. 이걸 못하면 그 매장은 롱런할 수 없고 시간이 지날수록 한계를 뛰어넘을 수가 없다.

장사를 멀리 보고 간다면 한 템포 쉬어가는 개념을 알아야 한다. 한방에 큰 건을 하겠다는 마음은 내려놓아야 한다. 많은 장사꾼들이 비싸다는 사람을 설득했을 때 자신이 잘했다고 생각한다. 드물게 어떤 사람은 '이 집은 설명을 잘해주는구나' 하고 만족했을지 모르지만, 확률적으로 그 상황의 고객이 다시 방문할 가능성은 많이 떨어진다.

특히나 신규 고객일 때 가격 니즈는 무조건 맞춰서 판매하는 게 좋다. 내가 오늘 적게 벌더라도 이 사람의 가격 니즈에 대해서는 정확하게 알게 된다. 장사는 재방문 고객을 단골로 유지시키면서 신규 고객을 지속적으로 만들어가는 일이다. 신규 고객에 대해서는 매출도 중요하지만 만족이 우선이다. 신규 고객이 만족을 얻지 못하면 재방문으로 이어지지 않는다. 가격에 대한 만족도를 높이려면 이 사람이 예상한 금액에 맞춰주고 나머지 기술적인 전문성이나 편의성을 만족시키면 대만족이 나온다. 그리고 나서 다음에 재방문했을 때는 신뢰가 생긴 상태이기 때문에 다른 판매 방식을 시도해도 괜찮다.

고가 우량 고객을 30%까지 늘려라

간혹 초보 직원이 그날따라 힘들이지 않고 매출을 많이 올린 다음에 자랑하는 경우가 있다. 비싼 고가 제품을 팔면 장사가 재밌기 때문에 우쭐해하는데, 그런 초보를 보면 나는 이야기한다. "그거 네가 한 게 아니야." 교육을 할 때 매출을 많이 올린 날은 항상 고민을 해보라고 말한다. '내가 팔았느냐, 고객이 팔아주고 갔느냐' 이걸 구별하는 건 아주 중요하다. 내가 잘 해서 팔았다면 그건 실력이지만, 누가 응대를 했어도 구매했을 사람이 오는 경우가 있다. 여기에 속으면 곤란하다.

고가를 구매하는 손님은 평균적으로 따지면 초짜 직원이 응대해도 10명 중 1명은 나온다. 그런 사람은 매출을 높이기 위해 내가 설득하고 당기는 작업을 안 해도 10%는 확률적으로 만난다. 이 비율은 개인의 능력에 따라서 조금씩 바뀌는데, 경험이 많고 잘하는 직원은 비율이 높아진다. 사실 매장의 전체 매출을 올려주는 건 적은 비율의 고가 손님이다. 중저가 손님은 아무리 권유해도 쉽게 구매하지 않고, 매출에 큰 변화를 주는 건 아니다. 그래서 고급 제품을 만들어낼 수 있고 그걸 잘 팔아내는 직원들이 있으면 매출이 달라진다.

그렇다고 너무 고가 제품을 밀어서 10% 비율을 50%로 올리면 그것도 좋은 게 아니다. 경제력에 한계가 있는 사람을 더 쓰게 만들면 집에 가서는 불만족이 쌓여서 다시는 우리 매장에 방문하지 않는다. 그러나 구매력이 있는 사람에게 직원이 응대를 잘해서 구매 욕구를 자극해주면, 오늘은 돈 쓸 생각이 딱히 없었는데도 정말 좋은 물건을 샀다고 만족시킬 수 있다. 지역적인 특성에 따라 다르겠지만, 고가 제품을 구매하는 손님 비율을 30%까지 올리는 판매자는 정말 잘하는 것이다. 나는 20~30% 정도가 적당선이라고 생각한다. 거기서 넘어서면 무리가 생기기 때문에 나는 직원들에게도 제재하고 있다. 7:3 법칙 또는 8:2 법칙이 통하는 것이다.

백화점 VIP 고객은 1년에 5천만 원을 썼다든지 2억 원을 썼다든지 정하는 기준 금액이 있다고 한다. 전체 매출의 60%를 그들이 차지하는데, 비율은 100명 중 10명이다. 고급 매장에서 일하던 직원이 독립해서 매장을 차렸다가 망하는 경우가 드물지 않다. 팔아주고 가는 고객이 올려주는 매출을 자신의 실력으로 착각한 경우 인생이 망가질 정도로 실패의 경험을 할 수가 있다. 대기업에 있거나 명품 브랜드에 있었던 사람들도 역시 퇴사하고 장사를 시작했다가 마인드 확립이 안 돼 있어서 망하는 경우를 많이 봤다. 자신을 객관화해서 보고 상황을 정확히 읽을 수 있는 안목이 필요한 대목이다.

판매자가 공을 들여서 에너지를 쏟은 결과로 매출이 이뤄지는 경우는 옆에서 보면 그게 보인다. 그런데 팔아주고 가는 우량 고객의 경우에는 권유를 하든 설명을 하든 판매자의 말은 듣지도 않는다. 자기가 원하는 걸 사는 것이지 직원이 하는 응대 때문에 그 작용으로 사는 것이 아니다. 그런 사람은 판매자가 대충 응대해도 팔아주고 간다. 이미 본인이 구매를 결정하고 왔기 때문에 자신의 정확한 구매 타깃이 있다. 그래서 당연히 매장에 머무르는 시간이 짧다. 처음부터 돈 쓰러 온 사람인 것이다.

최상의 제품은 마지막에 꺼내라

매출을 만드는 직원은 손님의 심리를 잘 이용한다. 처음엔 부담 없이 다가가서 그 고객이 원하는 니즈를 정확하게 파악한다. 하수들은 팔고 싶은 물건이 있으면 좋은 게 있다면서 그것부터 꺼낸다. 그런데 처음에 좋은 걸 보여주면 다음엔 더 좋은 걸 보여줘야 한다. 우리 안경원에서는 고객의 얼굴만 딱 보면 우리 매장 상품들 중에 가장 어울릴 만한 안경테로 국산 3개, 수입 3

개를 저가, 중가, 고가로 내놓을 수 있어야 프로라고 교육시킨다. '저 손님은 우리 집 안경테 중에 이게 어울릴 거다' 하고 떠올라야 한다. 그러려면 평소에 상품에 대한 공부나 고객에 대한 연구를 많이 해야 한다.

우리 매장에서 취급하는 안경테는 국산과 수입품을 다 합하면 1만여 종 정도 된다. 그중에 6개를 떠올려야 하는 것이니까 쉽지 않은 일이다. 안경은 남녀노소 구분이 있기 때문에 한 고객당 500여 개로 좁혀지는데, 그래도 어렵다. 이걸 잘하는 직원은 손님을 잘 읽기 때문에 처음부터 무리한 판매는 잘 안 한다. 손님의 의중을 먼저 살펴보고 어떤 스타일인지 파악한다. 대화를 하면서 다시 방문할 손님인지 파악할 수 있다.

얼마 전에 젊은 손님이 와서 50만 원대 안경을 구매한 일이 있었다. 그전 구매 내역을 보니까 비싼 걸 산 적이 한 번도 없었는데, 이번엔 직원이 응대를 잘 했기 때문이었다. 우리 매장을 방문한 손님은 안경을 얼굴에 맞춰 조정하는 피팅을 거의 대부분 내가 직접 하는데, 그날 이 손님도 마찬가지였다. "이번에는 좋은 거 했네요?" 하고 말을 걸었더니 "네, 직원 분이 너무 잘 골라줘서 제가 여기 꽂혔어요"라고 대답했다. 사실은 20만~30만 원을 예산으로 잡고 왔는데 안경이 너무 맘에 들었다는 것이다. 내가 보기에도 손님에게 그 안경이 진짜 잘 어울렸다. 그 사람이 꽂힐 정도의 물건을 응대하던 직원이 잘 알고 있었다는 얘기다.

나중에 직원에게 “어떻게 했어?” 물어보니까 “그게 제일 잘 어울릴 것 같아서 마지막으로 씌워드렸는데 손님이 꽂혀버렸네요” 한다.

고가의 수입 안경테만 쓰던 손님은 수입품에서만 고르니까 응대가 쉽다. 매장에 들어올 때 쓰고 있던 안경테가 고가였다든지, 고급차를 타고 왔다든지, 머리부터 신발까지 전반적인 패션이 명품 스타일이라든지 외모에서 봐도 쉽게 알 수 있다. 그런데 외모만 봐서는 고가 제품을 소비할 사람인지 아닌지 확실하게 보이지 않는 한 경우가 있다. 이럴 때는 필살기로 최상의 제품을 숨겨두었다가 맨 마지막에 보여주면 알 수가 있다. 5만 원을 예산으로 잡았던 손님이라면 50만 원짜리가 맘에 들어도 안 사겠지만, 30만 원을 예산으로 잡았던 손님이라면 자신에게 어울리는 걸 만났을 때 예산을 초과해서라도 산다.

고객이 스스로 선택하게 하라

‘직원편’에서 자세히 다루겠지만, 제조사가 아무리 열심히 신제품을 개발하고 매장에서는 팔릴 만한 좋은 제품을 갖춰놓아도 결국 **매출을 높여주는 최고의 비법은 직접 고객을 담당하는 판매자의 고객 응대 기술이다.** 사장이 아무리 장사의 끼가 있고 촉이 있고 매장을 살아 있는 생명체처럼 잘 해놔도 결국은 고객이 지갑을 열어서 돈을 지불해야 한다. 고객이 사겠다 마음먹도록 결정적인 한방을 만들어내는 건 그 고객을 응대하는 직원이다.

구매력을 갖춘 손님이 많이 오는 백화점 안에서 식당을 열었다면 인건비를 줄이기 위해 키오스크를 설치하는 것도 좋겠지만, 손님이 몰리는 시간이 아니라면 직원이 대면 응대에 조금 더 신경써야 한다. 가격에 별로 구애받지 않는 고객들이 있다. 그걸 파악할 수 있다면 "뭐가 맛있나요?" 추천을 원하는 고객에게 말만 몇 마디 거드는 것으로 매출을 높일 수 있다. 사진만 대충 보고 키오스크로 늘 먹던 걸 주문하면 2만 원짜리를 먹겠지만, 특별한 걸 먹고 싶다는 고객의 심리를 파악할 수 있다면 3만 원짜리를 먹을 수도 있는 것이다. 그런 게 쌓이면 매출이 눈에 띄게 오른다.

주의할 점은 "이걸로 하세요"라고 단정짓는 것보다는 그걸로 결정하게끔 몰고 가는 것이다. 대놓고 권했을 때는 불만족의 원망이 나에게 돌아온다. "이게 제일 잘 나가요" 정도로 멘트를 순화한다. "이거 하세요. 진짜 맛있어요"라고 하면 '내가 하기 싫었는데 저 사람이 하라 그랬어. 근데 별로잖아'라는 결론으로 치달을 수 있다. 고객이 '내가 결정했다'고 인식하도록 유도하는 것이어야 한다. 집에 가서 불만이 폭발하는 고객이 늘어난다면 그 장사는 오래 못 간다. 고객이 스스로 선택할 수 있는 판매가 가장 좋은 방법이다.

고객이 '마음에 들었어. 이번에 좋은 거 했어'라고 생각해야

비싸게 주고 샀어도 바가지 썼다는 마음이 안 든다. 저가의 상품도 마찬가지다. '후진 거 했네'가 아니라 '저렴하게 좋은 걸 잘 샀어'라고 받아들이게 해야 그 매장을 재방문하고 싶어진다. 이게 가능하려면 우리 매장에 있는 상품만 알아서는 부족하다. 고객이 오늘 원하는 것, 돈이 있는지 없는지 경제력까지 파악해야 한다. 맘에 들지만 돈이 없어서 살 수 없는데 계속 비싼 걸 권하면 에너지 낭비가 되고 만다. 응대를 잘하는 직원들은 그걸 빨리 캐치한다. 부자 동네도 아니고 대중적인 매장인데도 효율적으로 고가 판매를 잘 하게 되는 것이다. 이게 잘 되면 고가 판매의 비율이 10%를 넘어 30%에 가까워진다.

편의성이나 전문성을 원하는 고객이 있다

의심이 많고 불안해하는 고객은 '저 매장에 가면 나에게 맞는 옷이 있을까?' '저 집 음식 맛이 없진 않을까?' 하는 생각을 자주 한다. 그걸 해소하려면 판매자는 가격에 예민한 고객인지 다른 예민함은 없는지 빨리 캐치해야 한다. 그런 고객 중에 가장 응대가 쉬운 경우는 집에서 가깝다는 편의성을 충족하려고 오는 손님이다. 이들은 특별한 기대심리가 없고 생필품을 사듯이 방문하기 때문에 적당한 가격에 사고 오랜 시간을 허비하지도 않는다. "알아서 해주세요", "이 정도 가격에서 해주세요" 하는 사람도 있다.

우리 안경원에는 지방에서 일부러 왔다는 손님들이 꽤 많은데, 이렇게 멀리서 오는 사람은 응대가 더 어렵다. "소문 듣고 왔어요"라는 기대심리가 높기 때문이다. 이런 경우에는 결국 전문성이나 가격으로 충족하기 까다로운 기대심리를 채워줘야 한다.

"아니, 안경원은 우리 집 앞에도 많은데 내가 기름 써가면서 2시간 걸려서 여기까지 왔는데" 하면서 까다롭게 구는 사람들이 있다. 여수에서 의왕시에 사는 아들 집에 올 때마다 우리 안경원에 들르는 할머니가 있다. 얼마 전에도 오셨는데, 이미 할인을 해드렸는데도 깎아 달라고 막무가내였다. "내가 멀리서 여수에서 왔는데"라고 여수 얘기를 반복해서 했다. 사실 아들을 보러 온 것이지 안경원 때문에 일부러 의왕시에 온 게 아니니까 말은 안 되지만, 그 마음을 알아줘야 하니까 54만 원 나온 금액에서 끝자리 빼고 그냥 50만 원에 해드리기로 했다.

직원이 "특별히 이번만 해드릴게요" 하고 응대했는데, 보통의 손님과 달리 할머니는 거기서 끝내지 않고 두 번째 협상을 해왔다. 도수가 엄청 높은 할머니가 "돋보기 한 개 그냥 해줘" 하며 공짜를 원했다. 도수가 높으면 돋보기 렌즈는 싼 걸로 못한다. 다른 사람들에게 덤으로 주는 3천 원짜리 돋보기가 아니라 3만 원 이상의 돋보기가 필요하다는 뜻이었다. 직원은 나에게 "그냥 2만 원만 받을까요?" 했는데 그렇게 하면 고객의 기대심리는 충분히 충족되지 않을 터였다. 할머니의 기대심리는 얼마를 깎아 달라는 게 핵심이 아니라 '내가 멀리까지 왔는데 잘해줘'였다. 그래서 "돋보기 가격 말해드리고, 멀리서 오셨는데 사장님이 선물 드리는 겸 차비 하시라고 해드려라"라고 했다.

물론 할머니는 돋보기를 서비스로 안 해줬어도 안경은 맞췄을 것이다. 지방에 거주하는 분들 중에는 동네에서 안경을 안 맞추고 싶은 심리 때문에 우리 매장에 오는 경우가 많다. 그분들은 "서울에서 안경 해야 돼"라는 심리가 있어서 조금 덜 만족해도 조금 비싸도 또 방문할 것이란 점을 알지만, 또 다른 측면을 생각해야 한다.

고객의 욕심은 끝도 없어서 한 개 해주면 두 개 해달라고 한다. 그러나 3만 원짜리 돋보기를 2만 원만 받고 드렸다면 아무리 원가만 받았다 해도 할머니 입장에서는 '팔았다'가 된다. 사람들은 그런 경우 서비스라고 생각하지 않기 때문에 고객 만족을 충족시키기 위해 적게 남아도 그냥 주는 것이다. 결정적으로 할머니 아들네가 안경을 쓰는 우리 매장의 고객들이었기 때문에 연결고리를 생각하지 않을 수 없다. 만족하신 할머니는 여수로 돌아가서 "서울 가서 안경 맞췄다"면서 자랑할 수 있었을 것이다.

편의성은 거리만 있는 것은 아니다

거리가 가까운 것만 편의성에 해당하는 게 아니다. 거리가 좀 있어도 '이 집에 오면 편해'라고 생각하는 고객들이 있다. 사람들 중에서도 저 사람과 함께 있으면 편안한 사람이 있을 것이다. 좌불안석하는 것 없이 왠지 아저씨 같고 오빠 같고 친구 같은 편한 사람이 있다. 옷가게라면 지나가다가 한번 들러봤어도 부담없이 갈 수 있는 곳이다. 여기 오면 쇼핑하기가 쉽고 시스템도 부담이 없어서 좋다고 생각하는 것이다.

예를 들면, 비싼 걸 강매하지 않아서 편하다든지, 마음놓고 착용해볼 수 있는 콘셉트라든지, 빨리 해주기 때문에 안 기다려도 된다든지 하는 것들이다. 보통 고객들은 처음 방문하는 매장에 들어갈 때 내 예산을 뛰어넘는 걸 자꾸 권한다든지 내게 맞지 않는 상황이 있을까 봐 불안해한다. 부담 없이 그 집에서는 심리적으로 편안하게 쇼핑할 수 있다면 편의성을 느낄 것이다.

편의성을 높이는 방법 중 하나로 문을 열어놓는 매장들이 많다. 한여름에 시내의 옷가게를 방문했을 때를 떠올려보면 에어컨을 켜놨는데도 웬만한 집은 다 열어놨다는 걸 알 것이다. 고객에게 편의성을 주기 위한 방법이다. 문을 열어놓으면 들어갈 때도 부담이 없고 나갈 때도 부담이 없어서 편하다. 이건 매장 연출의 한 방법이다. 문을 닫아놨을 때의 장점과 문을 열어놨을 때의 편의성은 접근성이 다르다. 문이 닫혀 있으면 나의 적극성이 더해져야 들어갈 수 있기 때문에 부담이 된다.

편의성을 따지자면 문에 종을 다는 것도 안 된다. 문을 열고 나올 때 짤랑 소리가 나면 왠지 마음이 찜찜하다. 예전에는 고객이 들어오면 바로 응대를 하기 위해서 문에 종을 다는 사장들이 많았다. 고객이 들어왔을 때 다른 일을 하고 있던 사장이 이것을 인지하지 못해서 응대를 놓치는 걸 방지하기 위한 것이었는데,

지금은 그렇지 않다. 고객이 부담스러워하기 때문이다. 그리고 어찌 생각하면 나태함이 작용할 수 있는 여지도 있기 때문에 종을 다는 건 별로 좋지 않은 것 같다.

장사하는 사람은 눈과 손은 다른 곳을 향해 있더라도 귀는 문 앞에 가 있어야 한다. 항상 문만 쳐다보고 있을 수는 없지만 손님의 인기척은 놓치면 안 된다. 그게 가능하다면 문에 종은 달 필요가 없다. 만약에 손님이 문 열고 들어가면서 종소리가 났는데 사장이나 직원이 바로 나타나지 않으면 고객은 더 화가 난다. '이 집 뭐야' 싶은 생각이 든다. 그렇지만 직원 없이 혼자 운영하는 가게인 경우에는 어쩔 수 없이 종을 달 수도 있다. '사장 혼자 운영하는구나' 싶으면 고객도 종소리에 부담을 느끼지 않고 이해해줄 것이다. 소리를 듣고 바로 사장이 나타나기만 한다면….

타깃을 좁히면 전문점으로 대박날 수 있다

안경원뿐 아니라 모든 업종에는 전문성을 살릴 수 있는 요소들이 있다. 옷가게는 빅사이즈 전문점이 있고, 피부샵이라면 여드름 전문 관리샵이 있다. 중화요리 집을 여는 것이 아니라 짬뽕 전문점으로 할 수도 있다. 가발의 경우 특수한 타깃을 집중공략하기도 한다. 이런 경우 대개는 고객들이 먼저 알아보고 찾아간다. 모르고 들어온 고객을 내 손님으로 만드는 방법도 있지만, 타깃층을 처음부터 기획해서 그 손님만 받는 장사도 있다.

안경원에서는 검안을 하다 보면 “손님 눈은 이런 특성이 있습니다. 좀 더 전문적인 렌즈를 하셔야 합니다” 하고 특수렌즈로 넘어가는 경우가 있다. 경기도 분당과 일산, 인천, 부산 등에 어린이 전문 안경원을 하는 곳도 있다. 어린이 얼굴에 맞는 안경테를 거의 대부분 갖추고 있다. 업종마다 특화된 것은 얼마든지 찾을 수 있다. 남자아이는 다르게 가르쳐야 한다며 남자아이만 받는 미술학원이 등장해 대박이 난 경우도 있다. 일산에서 시작해 지점을 늘려가고 있다고 한다.

내가 만약 안경원이 아니라 음식점 장사를 해본다면 자장면 전문점을 해볼 것 같다. 짬뽕 전문점은 있는데 자장면 전문점은 없으니까 충분히 대박 가능성이 있다. 어떤 특화된 자장면을 만들 것인가, 기존의 자장면보다 업그레이드시킬 방법만 고민하면 된다. 소고기자장면, 두부자장면, 쌀자장면 등 여러 가지로 메뉴를 만들 수 있을 것이다.

예민한 고객은 진상 고객과는 다르다

장사하는 사람들이 고객 응대에서 기본적으로 가져야 할 기본 자세가 있다면 그것은 '절대 고객을 돈으로 보지 말라'는 것이다. 만약 병원을 개원하려는 의사가 "이번에 새로 구입한 의료 장비의 원가를 뽑아내려면 한 달에 몇 명 해야 되지?"라고 말하는 걸 환자가 들었다고 해보자. 몸이 아플 때 그 병원에 갈 수 있을까? 이건 장사하는 매장인 경우도 똑같다. 장사꾼이 두당 얼마라고 계산을 하면 고객을 일대일 대면할 때 티가 날 수 있다.

문 닫고 마감하면서 정리할 때는 경영의 관점에서 숫자를 세고 객단가를 따질 수 있지만, 고객을 대면하는 상황에서는 돈을 앞세우면 안 된다. 장사에서 욕심이 개입되면 곧 클레임으로 연결되기 쉽다. 특히 처음 방문하는 신규 고객일 때는 꼭 명심해야 할 사항이다. 나이가 50대, 60대로 넘어가는 고객들은 더욱 이런 상황을 잘 읽는다. **사람을 돈으로 보는 순간 고객은 떨어져 나간다. 물론 매출을 올려야 하는 건 맞지만 마음가짐부터 그렇게 접근하면 불상사가 일어난다.**

젊은 20대 사장들은 열과 성을 다해서 자신의 지식과 친절을 판다고 생각하지만 실제로 고객의 반응이 그렇지 않은 경우가 있다. 자신이 제공하는 제품이나 서비스가 품질이 높은데도 불구하고 반응이 예상외라면, 매출과 이익만 생각하고 있었던 건 아닌지 고객을 대하는 기본 자세를 점검해볼 필요도 있다. **고객은 판매자의 마음을 모를 것이라 생각하면 오산이다. 알면서도 속아주는 고객도 있지만 지금 팔았다고 해서 그 고객이 영원한 나의 고객이 된다는 보장은 없다.** 일단 구매했어도 매장 문을 열고 나가는 순간 다시는 오지 않을 것이다. 고객을 도와줘야 할 대상으로 본다면 장사에는 진정성이 나올 것이다. 당신을 위해서 설명하고 당신을 위해서 상담하고 권했다는 것을 느끼게 하는 것이 핵심이다. 그래서 장사를 시작하려면 마인드부터 갖춰야 한다.

예민한 고객은 나를 성장시킨다

사람은 저마다 기준이 달라서 자신이 생각하기엔 응대를 잘했는데 손님은 까칠하게 구는 경우가 있다. 인사하는 각도라든지 말할 때 표정이라든지 잘못된 멘트까지 조금만 예의에 어긋나도 거슬려한다. 보통은 별 말 없이 지나가는데 그 손님에게만 예민하게 보이는 것이다. 쉽게 만족하지 않는 예민한 손님은 감각이 발달한 사람이라서 깐깐하게 보는 것이다. 이것은 의심하거나 불안해하는 것과는 다르다.

예민한 고객들은 보통 사람이 볼 수 없는 것까지 찾아낸다. 집에 가서 0.1㎜보다 작은 티를 찾아내서 가져오는 사람도 있다. 옛날 말에 "마수걸이로 안경 낀 사람은 재수없다"는 말이 있다. 요즘에는 안경 낀 사람이 하도 많으니까 그런 말이 없어졌지만, 장사하는 집에 첫손님으로 안경 낀 사람이 오면 재수없다는 뜻이다. 아마도 안경 낀 사람들은 예민하고 예리해서 클레임을 제기하는 경우가 많다고 생각해서 그런 말이 생겼지 않았을까 예상해본다. 아침부터 너무 까다롭게 구는 사람이 진을 뺀다고 생각한 것 같다.

사소한 것도 아주 예민하게 캐치하는 사람이 있다. 20대에 내가 만났던 할아버지 한 분이 있다. 안경을 들고 안경렌즈와 안경테 사이에 칫솔모를 넣어보면서 "이게 들어가면 잘못된 거다"라고 했다. 세상 천지에 그런 사람은 처음 봤는데 "종이 한 장 들어가지 않도록 완벽하게 안경을 만드는 기술자라면 분명 자네는 성공할 거야"라며 웃으셨다. 그런 예민한 고객을 만족시키려면 내가 그만한 기술과 디테일을 가져야 한다. 진짜 고수들은 자신의 기준이 높아서 예민한 사람들도 만족시킨다. 점수로 따지면 보통 사람들은 70~80점짜리 안경 피팅을 해줘도 만족한다면, 예민한 사람은 99~100점짜리 안경 피팅이어야 한다. 1㎜의 오차도 해결해 줄 수 있는 테크닉과 안목이 있어야 한다.

고객이 클레임을 걸면 무슨 말인지 빨리 알아차려야 한다. 그런데 내 실력이 70점밖에 안 된다면 100점 수준의 문제를 제시할 때 해결할 수가 없다. **결국은 예민한 고객을 내 스승이라 생각하고 그를 만족시킬 수 있는 스킬을 키워야 한다.** 그걸 할 수 있는 사람은 달인의 경지에 오를 수 있다. 그렇지 않으면 그냥 보통 대중들이 만족하는 걸 팔고 마는 것이다.

나는 20대에 만났던 그 할아버지 덕분에, 보는 기준과 예리함을 엄청나게 높일 수 있었다. 만약에 그 할아버지가 안 계셨다면 내가 지금의 이런 감각을 못 가졌을지도 모른다. '세상에 저런 사람도 있구나' 하고 놀랐는데, 안경광학과 교과서에서는 잘 만들라는 말만 있을 뿐이었고 그런 식으로 검수한다는 건 본 적이 없었다. 그때의 예민한 고객 덕분에 나는 '사람이 하다 보면 빌 수도 있지', '안경알도 빠질 수도 있는 거지'라는 기준은 버리고, 할아버지처럼 '안경에 빛이 들어오면 안 돼'라는 기준을 가질 수 있었다.

직원에게 나는 이런 말을 한다. "맨날 더하기, 빼기 문제 풀면서 '나는 잘해'라고 말하지 마라. 진짜 잘하는 것은 인수분해, 미적분 가서 잘해야 잘하는 거다."

예민한 고객은 억울하다

예민한 고객은 진상고객과는 다르다. 진상 고객은 타당한 이유 없이 자기 주장만 하지만, 예민한 고객은 합리적인 이유를 가지고 요구하는 것이다. 맞는 말이라서 판매자는 사실 거기에 반박하지 못한다. 진상 고객은 말도 안 되는 걸 가지고 자기 할 말만 하면서 억지를 부리는 것이다. 예민한 고객은 1㎜ 오차를 지적하기 때문에, 판매자가 알아차리지 못하면 억울하게도 진상 고객과 같은 취급을 받을 수가 있다.

얼마 전 직원이 한 손님에게 절절 매고 있길래 가봤더니, 어떤 아저씨가 클레임을 걸고 있었다. "그전에 왔을 때 맞췄던 안경은 진짜 편하던데 이번 안경은 못 쓰겠다"는 것이다. 왜냐고 물었더니 왼쪽 렌즈와 오른쪽 렌즈 두께가 다르다는 것이다. 이분은 양쪽 눈의 도수 차이가 많은 나는 사람이었는데, "전에 썼던 건 두께 차이가 별로 안 났는데 이번 꺼는 왜 이렇게 차이가 나냐"고 불만스러워했다.

내가 살펴봤더니 안경테가 바뀌었는데 그럴 경우 차이가 날 수 있어서 처음에는 그 점에 대해 짚어주었다. "테가 바뀌었을 경우 두께가 일정하지 않을 수 있습니다"라고 했는데, 손님 표정이 좋지 않아서 다른 안경을 가져와서 보여주면서 설명했다. 그런데 그는 이

해할 수 없다고 했다. "쓰라면 쓰겠는데 이런 안경은 처음 봤다"면서 불편해했다. 안경테를 가지고 설득 아닌 설득을 하다가 손님이 마지못해 쓰겠다는 방향으로 흘러가는 게 찝찝한 기분이 들었다. 손님이 뭔가 불편하다니까 그때 문득 생각난 게 있었다. 커브 만곡도 재는 기계(커브게이지)를 가져와서 체크해보니까 렌즈에 문제가 있었다. "지금 오른쪽이 이상하다고 하셨는데, 그게 아니라 왼쪽이 문제네요. 안경렌즈에는 커브라는 게 있는데 왼쪽이 잘못됐으니까 바꿔드릴게요" 했다. 그러고 나서 왼쪽 렌즈를 바꿔주고 다시 써보시라고 했다. 그러자 손님은 안경을 확인하고 다시 써보시더니 이제 괜찮다면서 만족해하셨다.

손님이 전문가는 아니기 때문에 불편함을 표현하는 게 정확하지 않은 경우도 있다. 그걸 알아봐야 하는 사람은 오히려 전문가인 판매자 쪽이다. 실력도 갖춰야 하지만 손님이 하는 말이 아니라 손님이 느끼는 불편한 상태에 주목할 수 있다면 만족을 줄 수 있다. 그렇지 않으면 원론적인 이야기만 하다가 돌려보내고 괜히 손님 뒤통수에 대고 욕을 했을지도 모른다. 매장에서는 "별걸 갖고 애먹이네. 저 진상 손님 다신 안 왔으면 좋겠어"라고 뒷말을 하고, 손님은 손님대로 집에 가면서 "에이, 불편하게 이게 뭐야. 이런 것도 못하나" 했을 것이다. 손님이 정확하게 불편함을 표현하지 못하더라도 불편한 원인에 주목하여 찾아내는 것이 센스이며, 이런 감각이 있어야만 빠르게 대응할 수 있는 노하우가 된다. 시리즈 네 번째 책인 '직원편'에서도 언급하겠지만 직원은 센스, 다른 말로 '끼'가 꼭 있어야 한다(만약 직원이 센스가 없는 사람이라면 사장이 어떤 역할을 해야 할지 '직원편'에서 자세히 다뤘다).

이 손님의 경우에도 전문가도 아닌데 만곡도를 알 리가 없고 그저 감각적으로 이상하다고 느낌을 말했을 뿐이다. 고객 만족을 제대로 충족하지 못한 채 그냥 보내는 게 뭔가 찝찝했는데, 해결할 수 있어서 다행이었다. "죄송합니다. 오른쪽이 아니라 왼쪽이 잘못됐습니다" 하는 말에, 그 고객은 만족하고 다음부터 신뢰를 가진 채 다시 방문할 수 있을 것이다. 예민한 고객은 무시할 존재가 아니다. 그날 직원과 나는 '이런 것도 잘 체크해야겠구나' 하고 하나 배울 수 있었다.

복잡한 고객의 마음을 쉽게 들여다보려면

고객의 유형은 천차만별이어서 백인백색이라고 했는데, 그렇다고 100명의 고객을 100가지 유형으로 대응하면 장사는 어려워서 못할 것이다. 이걸 쉽게 접근하기 위해서 다양한 이분법으로 분류해보면 좀더 효율적인 관리가 된다. 우선 장사는 한 번 방문했던 고객을 단골로 전환시키면서 신규 고객을 계속 늘려가야 하는 일이다. 그래서 고객은 신규 고객과 재방문 고객으로 나눌 수 있다.

앞에서 말한 것처럼 우리 매장에 처음 방문하는 고객은 갓난아기처럼 조심조심 대해야 한다. 어떤 성향을 가진 사람인지, 예민한지 아닌지, 싼 걸 원하는지 고가를 원하는지, 어떤 기대심리를 가지고 들어온 사람인지 알 수 없기 때문에 보통 사람의 상식

선에서 지킬 수 있는 예의와 격식을 갖추는 것이 좋다. 반면, 재방문한 고객이라면 의심과 불신이 최소한으로 줄어들고 신뢰가 어느 정도 형성된 상태이기 때문에 편안하게 해준다면 무리가 없을 것이다.

이 책에서는 이미 매장에 들어온 고객에 대한 응대를 중심으로 이야기하고 있지만, **매장 밖의 신규 고객에 대해서도 사장은 계속 신경 써야 한다. 신규 고객을 늘리는 방법은 마케팅비를 쓰는 것밖에는 없다.** 항상 광고를 해야 하는데, 이걸 안 해도 들어오는 신규 고객도 물론 있다. 그건 매장이 어디에 자리잡고 있느냐의 문제인데, A급 상권이라면 자리에 따른 복이 있을 것이다.

그런데 고성장 시대와 달리 지금은 광고를 해보면 투자 대비 효율이 아주 낮다. 요즘은 일명 '오픈발'도 기대에 못 미치는 곳이 많다. 옛날에는 새로운 매장이 오픈하면 이것저것 사은품을 주니까 그걸 받는 재미에 너도나도 방문하는 사람이 많았지만, 요즘 소비자들은 그렇지가 않다. 또 개업하고 나서 2~3년 후에 신규 고객을 유입시키는 것이 정말 어려운 일이 됐다. 시대가 바뀌어서 단골이 어느 정도 잡혀 있어서 사람들이 잘 움직이질 않는다. 자신이 가는 곳이 어느 정도 정해져 있다. '굳이 바꿔야 돼?' 하는 생각을 한다. 매장마다 상품과 서비스도 어느 정도 균질하게 상향평준화가 돼 있어 특별한 이유가 없으면 구관이 명관이라고 생각해버린다. 거의 모든 업종이 포화 상태이니 신규 고객 찾기가 정말 어려운 것이다. 전단지 같은 경우는 100만 원을 투자해도 0.1%도 안 온다고 한다. 확률적으로 회수율이 0에 가깝다.

장사를 하겠다고 결심했을 때 음식점을 가장 먼저 떠올리는 건 그런 이유도 있다. 아무리 좋아하는 메뉴라 해도 매일 먹지는 않는다. 사람들은 수시로 다른 새로운 걸 먹고 싶어한다. 그러나 그마저도 외곽 지역에서 맛집으로 소문난 곳이 아닌 이상 매장의 수명이 짧아지고 있다. 그래서 고객 응대는 장사에서 더욱 중요한 부분이다. 결국엔 입소문과 소개 마케팅으로 살아남는 것이 가장 확실한 방법이다.

부정적인 손님과 긍정적인 손님

고객 대응의 핵심은 저 사람이 원하는 걸 정확히, 빨리 간파하는 것이다. 그걸 잘하는 사람은 장사의 끼가 있는 것이다. 그런데 보이지 않는 사람의 마음을 어떻게 알겠는가. 나도 잘 모를 때가 있다. 속이자고 작정해 덤벼들면 사람 마음은 알 수 없는 것이지만, 대화하다 보면 그 사람의 표정, 말소리, 톤, 억양에서 마음이 새어나오게 돼 있다. 그건 정답이 있는 게 아니라서 고객을 많이 응대하다 보면 감각적으로 익혀진다.

장사에서 고객을 쉽게 파악하기 위한 이분법으로 가장 쉬운 것은 이 사람이 부정적인 사람인가 긍정적인 사람인가 살펴보

는 것이다. 나머지 문제는 중간중간 대화로 풀어가면 된다.

부정적인 사람은 더 조심해야 하고 그 사람 사고방식을 잘 이해해야 한다. 부정적이라고 표현했지만 나쁜 의미로 말하는 것은 아니다. 확고한 자기 기준이 있고 자기 주장이 강한 사람은 타인인 판매자가 봤을 때는 설득이 어려운 부정적인 사람으로 보일 수 있다. 이성적인 판단을 위주로 구매에 나서는 사람이라고도 볼 수 있다. 반면에 긍정적인 사람들은 내가 어필하기가 편할 것이다. 실수를 해도 쉽게 이해해줄 것이고 설명이나 대화를 쉽게 풀어갈 수도 있을 것이다.

'부정적이냐, 긍정적이냐'는 문과적인 사람, 이과적인 사람으로 볼 수도 있고, 이성적이냐 감성적이냐로 볼 수도 있을 것이다. 사교성이 있느냐, 없느냐로 볼 수도 있고, 자기 이익만 생각하느냐 판매자 입장도 헤아려주고 이해심이 있느냐로 볼 수도 있다. 다양한 이분법으로 바라보다 보면 고객에 빨리 대처할 수 있는 순발력이 생길 것이다.

매장이 바쁠 때 부정적인 손님은 시간을 더 투자해야 하기 때문에 에너지를 두 배 세 배 써야 한다. 그래서 손님이 많을 때 효율적으로 일하는 방법은 부정적인 손님을 후순위로 미뤄두는 것이다. 버리는 카드처럼 무시하라는 게 아니고 우선순위에서 밀리는 것이다. 만약 부정적인 성향의 손님인데 장시간 응대하느라 붙들려 있으면 나머지 손님을 놓칠 것이다. 물론 틀릴 수도 있지만 바쁠 때는 몇 마디 빨리 던져보고 부정적인 손님이라 판단되면, 기분 나쁘지 않을 정도로 최소한의 예의만 지켜주고 지나가는 것이다. 그렇지 않고 그 손님에게 에너지를 쏟으면 기다리는 다른 손님의 불만이 꼬리에 꼬리를 물고 커질 것이다. 차라리 그럴 바에는 다른 쪽에 에너지를 쓰면 훨씬 더 효율적으로 일할 수 있다. 그 부정적 성향의 손님이 나가버리면 어떡하냐고 생각할 수 있는데, 어차피 확률은 50%다. 모든 손님을 다 커버할 수는 없기 때문에 효율성을 택하는 것이다. 그런데 실제로는 웬만해선 매장을 나가버리는 경우는 별로 없다.

이밖에도 고객을 구분할 때 다양한 유형으로 나눠서 생각해볼 수가 있다. 예를 들어, 차가운 고객과 따뜻한 고객을 나누는 것이다. 첫 방문 고객은 차가운 고객에 들어간다. 기대심리도 있으니까 매장 안으로 들어왔겠지만 의심과 불신도 품고 있어서 냉담한 마음일 것이다. 이때 어떻게 판매자가 응대하느냐에 따라서 의심과 불신은 줄어들고 기대심리가 충족돼서 신뢰와 따뜻한 마음으로 채워질 수도 있다.

3분 요약 체크-Chapter.1 고객 유형을 알아야 고객 만족이 있다

◎ 신규 고객은 갓난아기와 같다. 신규 고객은 갓 태어난 아기처럼 조심해야 한다. 말도 행동도 조심스럽게 하고 심혈을 기울여 그가 불편해하는 것, 원하는 것을 찾아야 한다. 갓난아기를 다루듯 고객을 세심하게, 잘 관찰할 수 있으면 장사의 선수가 될 수 있다.

◎ 고객은 의심이 많고 변덕스럽다. 사람은 누구나 이성적 사고와 동시에 감성적 사고를 한다. 고객은 변덕이 아주 심해서, 분명 좋아하는 것 같아 보였는데 순간적으로 마음이 변한다. 때로는 이성적으로 맞는 판단이지만 기분이 살짝 나빠져서 구매 의사를 철회하기도 한다.

◎ 고객은 원하는 걸 말하지 않는다. 장사는 손님에게 원하는 것을 대놓고 물어보지 못하기 때문에 어렵다. 고객의 속마음을 파악하는 방법은 대화밖에는 없다. 겉으로 보이는 모습은 참고로 삼을 뿐이다. 구매할까 말까 고민하는 고객을 랜딩시키는 기법은 고객의 마음을 읽고 만족시켜주는 기술에 있다.

◎ 고객이 말하는 "싸다"는 얼마인가? 좋은 제품을 싸게 사는 것은 소비자 관점에서 불변의 진리다. 고객이 생각하는 가격과 내가 생각하는 가격을 매치시켰을 때 만족이 나오는데, 물론 세상 모든 사람을 내가 100% 다 충족시킬 수는 없다. 다만 그 확률이 70~80%는 된다면 그 사람은 장사에서 프로라고 할 수 있을 것이다.

◎ 중간을 고르는 극단 회피성의 법칙. '싸다'의 기준을 알려면 고객이 원하는 상품의 저가, 중가, 고가를 오픈해주는 것이 가장 보편적인 방법

이다. 이때 심리적으로 사람들은 중간을 선택할 확률이 높다. 이것을 '타협 효과' 또는 '극단 회피성'이라고 부른다. 그 고객이 저가, 중가, 고가 중 중가의 상품을 원했다면 다시 중가 중에서도 또 상중하를 가늠해 보여주면 된다.

◎ 고가 우량 고객을 30%까지 늘려라. 고가를 구매하는 손님은 평균적으로 10%는 확률적으로 만난다. 이 비율은 개인의 능력에 따라서 조금씩 바뀌는데, 경험이 많고 잘하는 직원은 비율이 높아지며, 매장의 전체 매출을 올려주는 건 적은 비율의 고가 손님이다. 그래서 고급 제품을 만들어낼 수 있고 그걸 잘 팔아내는 직원들이 있으면 매출이 달라진다.

◎ 편의성이나 전문성을 원하는 고객이 있다. 판매자는 고객이 가격에 예민한지 다른 예민함은 없는지 빨리 캐치해야 한다. 예컨대, 거리적 편의성이나 심리적 편의성을 고려하면 손님은 더욱 편안해 할 것이다. 또 타깃층을 처음부터 기획해서 전문화해 해당 분야의 니즈를 지닌 손님만 받는 장사도 있다.

◎ 예민한 고객은 진상 고객과는 다르다. 쉽게 만족하지 않는 예민한 손님은 감각이 발달한 사람이라서 깐깐하게 관찰하는 것이다. 예민한 고객들은 보통 사람이 볼 수 없는 것까지 찾아내고, 해당 고객을 만족시키려면 내가 그만한 기술과 디테일을 가져야 하므로 이런 고객을 상대하다 보면 스스로 성장하게 된다.

◎ 복잡한 고객의 마음을 쉽게 들여다보려면. 가장 쉬운 것은 이 사람이 부정적인 사람인가 긍정적인 사람인가 살펴보는 것이다. 부정적인 사람은 더 조심해야 하고 그 사람 사고방식을 잘 이해해야 한다. 반면에 긍정적인 사람들은 내가 어필하기가 편할 것이다. 실수를 해도 쉽게 이해해줄 것이고 설명이나 대화를 쉽게 풀어갈 수도 있을 것이다.

내가 심은 나무의 열매가
세상에서 가장 맛있다

The fruit from the tree I planted
is the most delicious in the world.

Chapter. 2

마음을 얻는 상황별 임기응변의 법칙

- 장사는 설득이며 심리전이다
- 첫느낌에서 사로잡으면 응대가 쉬워진다
- 소개받고 온 손님, 추천해 달라는 손님
- 고객이 뭘 원하는지 스스로 모를 때
- 고객이 더 많은 서비스를 원할 때
- 구매 의사가 없는 손님을 응대하는 법
- 바쁠 때 유용한 대면 응대 요령
- 고객이 거짓말을 하는 것 같다?
- 예상치 못한 하자를 발견했을 때

장사는 설득이며 심리전이다

"현대 소매업은 심리전이다"라는 말이 있다. 소매 마케팅의 핵심은 고객의 마음을 움직이는 것이다. 예전에는 상품 구색, 입지, 진열 등의 1차원적인 경쟁이 이루어졌다면, 지금은 콘셉트의 차별성과 고객 만족을 얻기 위해 서비스 등 장기적인 차원의 경쟁이 이루어지고 있다. 어떻게 경쟁 점포와 차별화된 점포를 만들어낼 것인가? 어떻게 예측할 수 없는 고객의 마음을 만족시킴으로써 매장 콘셉트를 지지하는 고정 고객을 확보할 수 있을까? 여기에 대한 답을 늘상 연구해야 장사에 성공할 수 있다.

매장을 운영하려면 소비자를 직접 상대하기 때문에 고객의 심리를 잘 이해해야 한다. 인간은 육체와 마음으로 이루어져 있는 것처럼, 매장의 구성도 육체에 해당되는 점포와 인간의 마음에 해당하는 콘셉트가 있다. 마음이 없으면 사람은 살아 있는 것이라고 할 수 없듯, 매장도 고유의 콘셉트가 없다면 살아 있는 매장이라고 하기 어렵다. 소매업의 성공 비결은 이 콘셉트에 대해 고객으로부터 이성적으로도 감성적으로도 긍정적인 반응을 얻는 것이다. 대부분의 매장들은 이런 것보다는 그냥 대략적인 점포 진단으로 개선할 점을 콘셉트로 설정해서 운영한다. 그보다는 고객에게 전달할 최상의 가치를 찾아내 감성적으로 만족시킬 방법을 강구해야 한다. 즉, 인간이 지닌 본성, 욕구, 정념, 체험 등에 맞는 차별화된 매장의 배경과 이미지를 만드는 것이다.

매장의 콘셉트에서 이성적인 것으로는 지역의 특성과 접근성, 입지조건, 영업방법, 상품과 서비스의 양적·질적 가격, 상품 구비와 매장 레이아웃 등이 있다. 반면에 매장의 콘셉트에서 감성적인 것은 지역 사회 사람들과 관계를 형성하고 고객 한 사람 한 사람에게 인간적으로 접근해 직업적 전문성을 통한 신뢰감을 형성하는 것이다. 그런 감성적인 부분은 고객 응대 과정에서 실현돼야 한다.

내가 좋았던 것이 손님에게도 좋은 것

고객은 워낙에 다양한 유형들이 있기 때문에 판매자는 임기응변과 유연성을 갖추어야 한다. 이것은 사실 그때그때 실전 현장에서 경험으로 배우는 수밖에 없다. 그래서 장사를 준비하기 전에 될 수 있는 한 대형 매장에서 고수에게 배워야 한다고 하는 것이다. 가지각색의 손님 유형이 많은 곳에서 부딪치면서 체험적으로 배우는 것이 가장 좋은 훈련법이다.

매장의 사장은 고객의 입장에서 생각해보는 연습을 항시 해야 한다. 고객이 매장에 와서 느낄 수 있는 여러 가지 감정들을 상상해보는 것이다. 내가 이곳의 손님이 되어 감정이입을 해보는 것이다. '내가 여기 손님이라면 다시 방문할까?' 제3자 입장에서 바라보는 습관을 들인다면 하나하나씩 고쳐가면서 더 잘해나갈 수 있을 것이다. 어렵긴 해도 이것만 제대로 할 수 있으면 장사는 성공이다.

매장에서 대면 장사를 할 때 온라인쇼핑만 하지 말고 다른 집에 가서 사봐야 한다. 동네 편의점만 가도 사장은 다시 소비자가 된다. 소비자가 되면 판매자가 말하는 것, 계산하는 것 등 모든 것이 다 보인다. 소비자 마음이 되었을 때 다른 매장에서 '그렇게 해주니까 정말 기분 좋더라'고 느꼈다면 내 업종에 맞게 자기화시키면 된다. 음식점을 갔는데 그 집의 접객이 불편하고 싫었다면 혹시나 '우리 매장에 온 고객들도 그렇게 느끼지 않을까?' 그대로 투영해본다. 싫었으면 안 하면 되고 그걸 개선할 점으로 내 매장에 와서 적용시킬 수 있어야 한다. 소비자로서 쇼핑을 할 때는 생각이 달라진다. '그동안 내가 얼마를 팔아줬는데 날 신경도 안 쓰네'라는 생각이 들면 내가 해야 할 일도 보일 것이다.

고객 응대도 비즈니스 협상하듯이

고가의 안경을 팔 때 내 모습을 보고 언젠가 직원이 글을 써준 적이 있다. 일종의 감상평을 겸한 편지였는데 대략 다음과 같은 내용이다.

"그동안 고객을 대할 때 말투, 표정, 행동을 보고 제 경험에 비추어 상대방을 지레 판단하고 대했던 것 같습니다. 그동안 소홀하지 않게 고객을 대했다 생각했지만, 얼마 전 대표님의 접객을 보고 많은 걸 느끼고 그동안 경솔했음을 반성했습니다. 제가 할 수 있는 일을 하되 고객에게 부담스럽지 않게, 추천은 하되 고객이 선택하게끔, 그동안 최선을 다해왔다고 생각했습니다. 그러나 그것은 아마도 판매가 엎어져도 고객의 선택이었다며 제 책임과 능력을 회피하기 위한 변명이었던 것 같습니다. 고객이 무엇을 원하는지도 중요하지만, 왜 원하는지 정확히 파악하는 것이 중요한 것이었습니다. 어떤 물건을 살 것인가도 있겠지만 고객이 물건을 구매할 때 어떤 스타일로 구매하는지도 다시 한 번 생각할 수 있었습니다.

누군가는 바람을 넣어주면 충동구매하듯이 쉽게 사가고 누군가는 몇 번을 오고가며 시간을 들여 고민하고 구매합니다. 이번 고객은 확신을 받아야 구매를 하는 경우였던 것 같습니다. 그동안 고객이 구매해왔던 평균 금액, 똑같은 제품을 구매해왔던 이유도 중요했지만, 그보다는 그간 구매해왔던 것보다 훨씬 고가의 안경이었기 때문에 저로서는 '과연 구매할까'에 대한 의문이 있었습니다.

대표님의 판매 방식에서 세 가지를 느꼈습니다. 첫째, 분위기를 내 것으로 만든다. 둘째, 주도권을 잡아 판매자와 구매자가 아닌 동등한 입장에서 협상을 한다. 셋째, 절대 내 패를 먼저 보여주지 않으며 질문과 역질문을 통해 대화를 이끌어나간다. 저는 고객이 나가지 않게 하려고 수그리는 판매 태도를 보였습니다. 이 때문에 이 고객이 원하는 부분을 정확히 찔러주지 못했다 생각합니다.

대표님이 보여주셨던 것은 구매 제품에 대한 신뢰와 더 나은 제품이라는 보증, 그리고 고객 입장에서 최선을 다한 가격과 서비스였습니다. 이것이 한 시간 동안 대화하고 있었던 저와 열 마디로 고객을 휘어잡은 대표님의 차이였습니다. 사람의 마음을 휘어잡는 것은 많은 말이 아니었습니다. 고객이 느끼는 불안 요소를 감안하더라도 상대방을 믿고 거래하는 것이 중요했습니다. 제가 본 것은 판매라기보다 고차원적인 비즈니스 협상이었습니다. 많이 배웠습니다. 감사합니다."

첫느낌에서 사로잡으면 응대가 쉬워진다

무인 판매점이 아닌 이상, 오프라인 매장에서는 일단 손님이 들어와서 응대를 해야 구매로 이어질 수 있다. **판매자가 다가가기 전에 이미 고객이 매장에 들어섰을 때 첫느낌이 좋은 상태라면 응대는 훨씬 수월해질 것이다.** 호텔에 들어섰을 때의 느낌과 모텔에 들어섰을 때의 느낌과 여인숙에 들어섰을 때의 느낌은 다른 것처럼, 매장의 분위기가 주는 기대심리가 있다. '여기 괜찮을 것 같아'라고 느꼈다면 직원의 응대 태도, 멘트 등이 그 매장의 콘셉트를 구현해주듯 맞아떨어져야 한다. 여기서 능수능란하게 잘 해주지 못하고 어긋나면 시간이 갈수록 응대는 더욱 어려워진다.

특히 첫방문 고객들은 어색하거나 불편해하지 않도록 자연스럽게 응대해주면서 편안하게 쇼핑하거나 서비스를 받을 수 있게 해주어야 한다. 바빠서 대기시간이 길어진다든가 하는 상황일 때는 부정적으로 변할 수 있으므로 세심하게 응대해야 한다. 마음이 누그러지면 '이 집 괜찮네'라고 할 것이다.

구매를 결정하고 결제로 이어지기까지 망설임이 있거나 확신이 모자랄 때 통계를 사용하는 말을 많이 한다. "한 달에 100명은 이걸 삽니다" 같은 것들이다. 이런 말들은 사실 증거가 보이는 건 아니어서 잘 안 믿는 고객들도 많다. 그래서 더 확실한 것은 현장의 연출이다. 고객의 마음을 설득하는 데 비주얼로 보여주는 것만큼 확실한 건 없다. 음식점에서 주로 볼 수 있는 장면을 떠올려보자. 매장 안에 손님이 많으면 '맛있다'에 더 이상 설명이 필요없다. "오늘 100명이 왔다 갔어요" 같은 말은 거들 뿐이다. 소비자 입장에서는 자신이 방문한 시간에 손님이 많으면 그 집은 맛있는 집이다. 앞에서 아무리 많은 사람이 먹고 갔어도 내가 간 시간에 썰렁하면 '맛있을까?' 의심이 든다. 그런데 줄서 있는 식당이라면 '여기에 뭔가 있다', '먹어보고 싶다'는 심리를 시각적으로 건드리는 것이다.

장사는 연출을 잘해야 한다

좋은 설득은 눈으로 보게 하는 것이다. 말로 하면 잘 안 듣게 마련이지만 직접 보면 크게 느끼는 법이다. 어떻게 하면 장사가 잘 되는 매장이라는 걸 느끼게 할 수 있을까 고민하고 연구하는 건 장사하는 사람들의 몫이다. 밥 먹을 식당을 찾고 있는데 안이 썰렁하다면 손님은 들어가기를 망설인다. 사실 단골이 되고 나면 안에 손님이 없어도 상관이 없지만, 처음 방문하는 고객이라면 다를 것이다. 이럴 때는 사장이 '어떻게 들어오게 만들까'를 고민해야 한다. 손님이 한 팀도 없는 곳엔 들어가고 싶어 하지 않으니까 내가 장사를 하겠다면 아는 사람이라도 앉혀놓아야 한다. 택배 포장박스를 쌓아두는 연출이라도 해야 한다.

까칠한 성격의 어떤 사람이 외근을 나갔다가 밥집을 찾았다. 싼 집은 아니었는데 들어갈까 말까 고민을 하고 있었다. 손님이 아무도 없었기 때문인데, 카운터를 보니 배달 도시락 포장지가 쫙 깔려 있는 것이 보였다. 그 순간 '이 집은 배달이 많은가 보다. 점심 시간에 포장해서 배달할 준비를 하고 있구나' 하는 생각이 들었다. 그러면 먹을 만하겠다고 판단한 이 사람은 일행과 맘 편히 들어가서 식사를 했다고 한다.

요새는 배달앱을 통해서 주문이 들어오면 "온라인 주문"이라는 성우 목소리가 흘러나온다. 굳이 이걸 매장 홀 안에서 식사를 기다리는 손님들까지 들리게 해야 하는 이유는 뭘까. '내가 소비자라면 들어가고 싶을까'의 차원에서 생각해보면 답은 명확해진다. 들어갈까 말까 고민하는 사람에게는 망설임을 없애줄 것이고, 첫방문해서 주문하고 기다리고 있는 사람에게는 확신을 줄 것이다.

안경원 같은 곳에서 이걸 할까 저걸 할까 선택의 고민을 하고 있을 때는 “이거 많이들 사가세요. 이번 주에도 열 분이 사가셨어요” 같은 클로징 멘트를 준비할 수도 있다. 결정 장애가 있는 사람에게 도움을 주거나 비교해보고 있을 때 정보를 주는 멘트이다. 안경에서는 두 가지 이상의 컬러를 가지고 고민할 때 대중적인 컬러가 어느 쪽인지 정보를 준다. 정보를 들은 고객은 자기 성향에 따라 선택하면 된다. 남들도 많이 쓰는 컬러를 싫어하는 사람은 다른 걸 택할 것이다. 갈색 안경테를 쓰고 온 어떤 아저씨는 시장 콩나물 집에 가니까 아줌마가 같은 걸 쓰고 있었다면서 자존심 상한다며 “카키색 같은 거 다른 제품 보여주세요” 하는 경우도 있다.

고객의 시선을 사로잡는 공간의 연출

나는 안경원의 공간 레이아웃, 상품 디스플레이, 간판 등을 자주 바꾸는 편이다. 손님들이 “사장님 바뀌었어요?”라고 질문할 정도다. 수시로 변화를 주면서 지나가는 잠재고객에게 말을 거는 셈인데, ‘이렇게나 열심히 하고 있다’는 뉘앙스를 주는 효과도 있다. 그러다 보니 나는 판매 시스템에 대한 고민도 많이 하지만 공간 연출에 대한 고민도 많이 한다.

3층으로 된 우리 안경원 건물에서 1층에서 2층으로 올라가는 계단 앞에 여유로운 공간이 있다. 엘리베이터를 기다리는 곳이기도 한데, 고객들도 직원들도 늘 왔다 갔다 하는 그 공간이 아까워서 뭔가 활용하고 싶었다. 고민하던 차에 어느 날 집에 가니까 막내가 로봇 장난감을 만들고 있었다. 막내는 4살 때부터 조립을 취미로 삼았는데 학교에 들어가면 더 이상 로봇을 안 만질 수도 있겠다는 생각이 들었다. 그때가 되면 중고 시장에 팔아야 하거나 쓰레기가 될 수도 있겠다 싶으니까 아깝다는 생각도 들었다. '저걸 돈 주고 사려면 비쌀 텐데' 생각하니까, 그런 관점에서 보면 저건 재산이다 싶었다. 그래서 생각한 게 매장의 1층 계단 공간에 진열을 해보자는 것이었다. 그 공간에 맞춘 전용 장식장을 만드느라 추가로 돈이 들긴 했지만, 손님으로 온 아이들이 전시돼 있는 건담 로봇을 보고 좋아하는 걸 보면 지금도 잘했다는 생각이 든다.

건담 로봇과 미니어처들이 만약 우리 집에 계속 있었다면 팔이 하나 빠지고 부분적으로 망가진 채 방치돼 있다가 가지고 있기도 버리기도 애매한 쓰레기가 됐을지도 모른다. 우리 집 막내도 가끔 한 번씩 안경원에 와서 전시해놓은 걸 보며 뿌듯해한다. 매장 입장에서는 볼거리를 제공하고, 개인적으로는 막내의 추억을 저장하는 공간이기 때문에 일거양득이 되었다.

매장에 변화를 주는 것에 대해서 "돈 없어서 그런 거 못해요" 하는 사람도 있는데 내가 가진 것 중에서 큰돈 들이지 않고 할 수 있는 걸 생각해보면 발상의 전환으로 아이디어를 얻을 수 있다. 건담 전시에 대한 아이디어도 출장 길에서 얻었다. 대구 출장을 가다가 고속도로 문경 휴게소 화장실에 마블 히어로 미니어처가 전시돼 있는 걸 보고 '저거다' 싶어 매장에 적용한 것이다. 손님이 거쳐가는 모든 공간이 고객 만족으로 연결되는지 고민한 결과였다. 볼거리를 준다는 측면에서는 안경테 수천 장이 있는 것보다 더 나은 효과였다. 안경테는 안경원 어디 가도 볼 수 있지만, 건담이 전시된 안경원은 어디 가서도 볼 수 없다.

고정관념을 깨면 응대가 수월해진다

앞으로 장사에서 오감 체험은 화두가 될 것이다. 몸으로 하는 체험과 눈으로 느끼는 체험이 모두 해당한다. 이제껏 한 번도 느껴보지 못했던 걸 찾으면 고객을 늘릴 수 있다. 눈으로 보는 체험은 인테리어, 분위기 등이 해당한다. "괜찮네. 처음 보는 거야. 고급스러워" 이런 느낌을 주는 것으로, 돈을 들여서 하는 것이다. 나의 경우에는 안경에서 몸으로 하는 체험을 고민하다가 미용실에서 그 답을 찾았다.

고객들이 안경원에 대해 가지는 고정관념을 깨면 '어, 여긴 다르네' 하고 느낄 것이다. 안경원에서 안경 맞추는 과정은 집집마다 비슷하다. 그런데 시스템이 바뀌었다고 느끼면 "내가 안경을 30년 꼈는데 이런 데는 처음이야"라는 소리가 나오는 것이다. 고객들은 한 번도 앉아서 피팅을 받아본 적이 없는데 우리 안경원에서는 미용실 의자를 도입해서 새로운 체험을 주는 방식을 도입했다. 결과는 그야말로 고객들의 대만족이었다.

'일도씨 닭갈비'란 곳은 기존의 닭갈비 집에서 탈피해 레스토랑 콘셉트를 믹스시켰다. 김치, 깍두기가 아니라 단호박 스프, 코울슬로, 피클을 제공함으로써 자신의 업종을 탈피한 것이다. 레스토랑에 가면 대우받는 것 같은 느낌을 콘셉트에 넣기 위해 계속 연구하고 벤치마킹한 결과였다. 그는 어떻게 하면 고객들이 '센세이션하다, 신선하다'고 느낄까 고민했을 것이다.

고객 만족을 넘어서 어떻게든 고객 경험을 시켜야 한다. 장사에서 대단한 창조까지 생각할 필요는 없다. 그저 편집만으로도 충분한 시너지를 낼 수 있기 때문에 책도 보고 다른 매장도 다녀보면서 방법을 찾으면 된다. 같은 업종이 아니라 다른 업종에서 찾으면 소비자가 가지고 있는 고정관념의 틀을 바꾸기에 더 효과적이다. 살면서 가지고 있던 상식을 깨뜨려버리는 것이다. 그러면 그 매장은 신선한 집이 되고, "거기 한번 가봐" 하는 소리가 나온다. 똑같은 춘천닭갈비 집을 크게 차려봐야 요새는 어느 집이나 다 맛있고 잘 하기 때문에 차별화가 안 된다. 전국을 다니면서 잘하는 걸 믹스하고 결합하는 것이 변화의 비법이 된다.

소개받고 온 손님, 추천해 달라는 손님

옷가게에 가면 마네킹이 입고 있는 대로 옷을 사는 사람들이 있다. 업종에 따라 나이에 따라 다르지만 판매자의 접객을 좋아하는 사람이 있고 그렇지 않은 사람이 있는데, 이걸 잘 구별하는 사람은 매출도 높일 수 있다.

특히 안경이나 옷 같은 패션 업종에서 이런 성향은 대체로 나이대를 보면 뚜렷이 다르다. 20대와 30대는 자신이 직접 고르는 걸 좋아하는 편이다. 반면 50대가 넘으면 판매자가 권해주는 걸 대체로 좋아한다. 안경원의 경우 50대가 넘으면 70~80%가 좋아하는 걸로 보인다. 어떤 경우에는 골라주지 않으면 접객을 안 해준다며 화내는 사람도 있다. 우리 안경원에는 방문하기 전에 먼저 전화를 해서 “똑같은 거 맞춰놔 줘요” 그러는 사람도 있다. 안경테의 특성상 똑같은 게 없다고 하면 "괜찮으니까 알아서 비슷한 거 골라줘요"라고 한다. 그럴 때는 사진을 찍어서 보내주고 다시 한 번 확인을 받는다. 나이가 들수록 쇼핑에 에너지를 쓰는 게 귀찮으니까 골라주면 좋아하는 사람이 많다.

20대, 30대는 돌아다니는 걸 좋아하고 구경하는 것도 좋아한다. 에너지가 넘치니까 누가 끼어드는 걸 싫어한다. 자기 기준과 정보가 많아서인지 응대가 붙었을 때 부담스러워하는 경향이 있다. 반면에 나이와 상관없이 고급 매장의 손님의 경우에는 권해주고 서비스를 받는 걸 선호하는 경향이 있다.

어쨌거나 각기 성향이 다른 사람이 우리 매장에 왔을 때 그 사람이 원하는 걸 순간적으로 간파하는 능력이 장사의 열쇠가 된다. '사장편'에서 나는 이것을 장사의 '끼'라고 표현했다. 직원을 써보면 이 장사의 끼를 갖추고 있는 사람이 드문데, 그래서인지 오래 잘되는 장사를 지속하는 사람이 별로 없다. 장사의 끼는 배울 수 있고 익힐 수 있기 때문에 하고 싶은 업종의 고수를 찾아가 3년을 배워야 한다고 나는 '사장편'에서 강조했다.

고수에게 기술만 배우는 것이 아니라 장사의 끼, 마인드를 배우라는 것이다. 마인드는 오래하기 위해서 보고 체득해야 하고 참고 견딜 수 있는 내공과 철학을 배워야 한다. 고수의 눈에는 순간적으로 고객 만족을 시킬 수 있는 사람이 보인다. 사소한 멘트라든지 위기 상황에서 응대하는 것을 보다 보면 완전한

100%는 아니어도 그 끼를 배울 수 있다. 장사에 필요한 기술은 1년이면 되지만 끼를 습득하는 데는 3년 이상이 걸린다. 워낙 고객은 다양하기 때문에 장사의 순발력, 응용력을 키우는 데는 시간이 걸리는 것이다.

소개받고 온 손님에게 리액션을 선물하라

장사하는 사람이 기술과 서비스를 모두 갖춰야 하는 것은 고객 만족을 위해서다. 고객이 원하는 게 저렴한 가격인지, 나를 특별하게 대해주는 서비스인지, 전문적인 기술인지 경우에 따라 다르기 때문에 그것을 대화하면서 파악하는 것이 고객 응대를 하는 사람이 할 일이다. 이때 그 사람이 지불할 역량이 있는지까지 파악해야 하는데, 그래서 장사는 어찌 보면 종합예술이다. 고객이 원하는 유형은 여러 가지이고 판매자는 이 모든 케이스를 알아야 하기 때문에 장사는 어렵고 성공하는 사람이 드물다고 하는 것이다.

대구에 사는 어떤 사람이 시내에서 안경을 맞출 거라면서 잘하는 사람을 소개해 달라고 친구에게 청했다. 그런데 다녀와서는 안경원 사장을 극찬을 했다. 그 사람은 보통 안경 맞출 때 20만 원쯤 쓰곤 했다는데, 처음으로 간 안경원에서 40만 원가량을 쓰고 왔다고 했다. 소개받고 간 사람이 하는 말이 "나도 서문시장에서 장사를 오래 했는데 그런 사람은 처음 봤다. 안경 맞추는

데 40만 원을 넘게 썼는데 하나도 안 아깝다"고 했다. 그 안경원 사장은 장사를 잘한다고 소문이 난 사람이었는데, 안경 맞춘 사람은 "말도 싹싹하게 하더라"며 맘에 들어했다.

"○○이가 내 친구인데 소개받고 왔어요" 하자 안경원 사장은 "아 그러세요? 그 형님하고 저 진짜 친합니다" 했다. 그런데 사실은 안 친하단다. "밥도 자주 먹고 술도 같이 먹고 했어요"라고 했다는데, 사실은 같이 술 먹은 적이 없단다. 장사의 '끼'는 이런 순발력을 말하는 것이다. 손님이 던진 힌트 하나로 처음 본 사람인데도 관계를 엮어버렸다. 그 결과 이제껏 안경을 맞췄던 경험대로라면 40만 원에 '바가지 썼다' 생각했을 텐데 "하나도 안 아깝다"고 말한 것이다. 소개한 사람과 소개받고 간 사람을 모두 띄워주면서 만족을 이끌어냈다.

물론 그 안경원 사장이 립 서비스만 잘한 것은 아닐 것이다. 매너도 좋았을 것이고 서비스도 잘 해주고 기술도 어느 정도 만족할 만한 수준이었을 것이다. 사람마다 만족을 느끼는 포인트는 다른데, 소개로 온 손님에게 자신만 특별한 대접을 받는다고 느끼도록 제대로 응대했을 것이다. 직접 보진 않았지만, 전체 퍼포먼스가 박수 쳐주고 싶을 만큼 좋지 않았을까.

손님이 누구 소개로 왔다는데 "아 그래요?" 하고 따라붙는 서비스도 없고 반응이 밋밋하다면, 애써 그곳을 찾아간 보람을 느끼지 못할 것이다. 그렇다면 그는 다시는 그곳에 가지 않을 것이다. 고객 입장에서 생각해볼 때 달리 메리트가 없다면 다시 갈 필요가 없다. “그 집이 싸게 해줘”라든가 “진짜 맛있으니까 가봐”라든가 “거기 진짜 분위기 있어”처럼, 보통 가게에서는 충족할 수 없는 뭔가 독특한 것을 충족시켜 줘야 한다. 싸게 사고 싶어서 찾아온 사람에게 엉뚱한 걸 내놓고 있으면 소개한 사람을 생각해서 사기야 하겠지만, 이후 두 번 다시는 가지 않을 것이다.

고객이 뭘 원하는지 스스로 모를 때

장사를 배우고 싶은 사람은 힘들더라도 매장이 크고 손님이 많은 곳에서 경험을 쌓는 것이 좋다. 큰 매장에 오는 손님들은 다양해서 배움의 질적인 면에서도 천지 차이다. 심지어 진상 손님에 대한 대응력도 연습할 수 있다. 병원으로 예를 든다면 감기 환자 위주로 대면하기 때문에 똑같은 처방만 계속 하는 동네 병원보다는 다양한 환자들이 오는 종합병원에서 수련해야 한다.

다양한 고객 중에는 동행자가 따라온 경우가 있다. 그럴 때는 판매를 수월하게 하기 위해서 동행자의 지원 사격을 받아야 한다. "예쁘다" 같은 긍정적인 말을 유도해내는 것이 목표다. 동행자도 두 부류가 있는데, 옆에 와서 "잘 어울린다"고 부추기는 사람이 있는가 하면 "야, 그거 별로다" 하는 사람이 있다. 동행자가 도와주지 않으면 판매자는 말은 못하지만 속으로는 괴롭다. 그래서 동행자가 있는 손님의 경우에는 동행자의 성향을 파악해야 한다. 그 동행자가 어떤 스타일인지 알아야 지원을 얻어낼 수 있다.

동행자를 데려온 손님은 결정장애 성향이 있을 확률이 높다. 자신에게 구매의 기준이 없으니까 대신 봐 달라는 의미로 데려오는 것이다. 그래서 동행자가 관심을 보이는 물건을 위주로 추천해야 구매 결정이 수월해진다. 특히 패션에서는 누구나 그 사람의 개성에 어울리는 것들이 있다. 전문가 입장에서는 그 물건이 진짜 잘 어울리는데 동행자가 아니라고 하면 그때부터 골치가 아프다.

부모와 아이가 동행했을 때

안경원이나 옷가게에는 엄마와 아이가 함께 오는 경우가 흔하다. 이럴 때 가격 결정은 동행자인 부모에게 있을 것이다. 부부나 연인이 함께 왔을 때에도 누가 돈을 낼 건지에 따라 또 공략이 달라질 수 있다.

부모자식 간에 오는 경우에 부모도 맘에 들어하면 판매가 쉽다. 그런데 엄마와 아들은 늘상 부딪힌다. 아이들이 하고 싶은 것과 엄마가 맘에 들어하는 것이 다를 때가 많다. 그럴 때 결정은 어느 쪽으로 유도해야 할까? 이럴 때 팁이 필요한데, 확률적으로 볼 때 엄마 편을 들면 안 된다. 엄마 편을 들면 그 순간에는 구매가 이뤄지겠지만 그 아이는 다시는 우리 집에 오지 않을 것이다. 한 번은 사지만 나중에 무슨 핑계를 대서라도 우리 매장에는 다시 오지 않는다. 자기가 원하는 대로 못했던 경험 때문이다.

아이도 다른 친구들한테 불만족을 이야기할 수 있고, 이상하게도 학생 안경 판매가 줄어드는 일이 생길 것이다. 결정적으로 안경을 계속 사용하면서 "불편해", "이상해" 같은 이야기를 아이가 반복하면 엄마도 그 다음엔 데려올 수가 없다. 그래서 엄마와 아이가 의견이 갈라질 때는 아이 편을 들어야 한다. "놔두세요. 요즘 애들은 다 이거 써요" 이런 식으로 유도하면 된다.

이런 점을 생각하지 못하면 장사 초보들은 보이는 대로 말하든가, 돈을 엄마가 내니까 엄마 편을 들게 된다. 그러나 아이 편을 들면 어떻게 될까? 결국은 아이에게 져주는 엄마도 있고, 엄마가 너무 강한 사람인 경우에는 "그거 안 해줘" 하고 가버린다. 그러면 허탈하긴 하지만 결국엔 엄마와 아이가 지지고 볶다가 다음엔 다시 오는 경우가 많다. 이때 그 아이는 우리 안경원의 단골이 된다. 내가 원하는 대로 할 수 있는 곳이라고 인지하기 때문이다.

사람의 마음을 이해하면 순간적인 판단이 달라진다. 이런 것은 공식으로 있는 것이 아니라 하다 보면 몸에 배어서 나오는 것이다. 여러 가지 상황에 따라 변수가 많다 보니까 센스가 없으면 안 된다. 장사의 끼가 없는 사람은 상황 대처를 못해서 기회를 놓치고 만다. 요즘같이 시간이 빨라진 시대에는 이걸 배워서 익혀야 한다. 학습(學習)은 배움(學)에서 끝나지 않고 습득(習)까지 가야 한다.

질문에 대답이 없는 손님일 때

손님들 중에는 자신이 뭘 원하는지 모른 채 그냥 오는 경우도 많다. 장사하면서 가장 골치가 아픈 사람이 이런 경우다. 이런 사람들의 특징은 말을 많이 안 한다는 것이다. 원래 성격이 그럴 수도 있지만 모르겠으니까 말을 안 할 수도 있다. 이럴 때 가장 필요한 것은 담당 직원의 역할이다. 한마디로 손님과 궁합이 맞는 직원이 응대를 해야 한다.

우리 매장의 경우처럼 직원들이 많으면 손님이 오는 순서대로 받는다. 토요일 어느 날 손님들이 많이 오고 바빴던 날에 젊은 여성 4명이 매장에 들어왔다. 안경테를 고르는 2층 쇼룸으로 손님들이 올라가는 걸 봤는데, 직원들이 모두 바빴던 터라 우리 직원들 중 가장 나이가 많은 50대 안경사가 응대를 위해 따라 올라갔다. 조제실 앞에 두세 명의 다른 직원들이 있었고 카운터에도 젊은 직원이 있었는데 내가 그 모습을 보고 질책의 한 소리를 했다. 직원들은 '손님은 누가 됐든 받으면 되지'라고 생각하기 쉬운데 그렇지 않다. "옷 사러 갔는데 나이든 할머니가 골라주면 너희는 사겠냐? 바꿔서 응대해" 하고 지적했다.

고객의 마음을 열려면 접객하는 직원에 대한 호감과 편안한 감정이 있어야 한다. 적어도 거부 반응이 없어야 권해주는 걸 구매할 확률이 높아진다. 여성 고객이라면 웬만하면 남성 점원이 좋고, 남성 고객이라면 여성 점원이 응대하는 것이 좋다. 나이 차이도 너무 많으면 안 좋기 때문에 연세 드신 분이 오면 나이가 좀 있는 직원이 응대하는 것이 좋다. 반대의 경우도 마찬가지다. 세대 차이가 나면 소통이 안 되는 경우도 많다.

우리 안경원에도 아줌마들에게 아주 친절하게 잘하는 직원이 있다. 그 직원이 붙으면 매출이 올라갈 확률이 높아진다. 그렇게 궁합이 잘 맞는 직원이 응대하면 말이 없는 고객도 말문이 열릴 수 있다. 말을 잘 안 하는 사람들의 입을 열게 하는 것은 진짜 어렵다. 가장 좋은 방법은 가장 비슷한 나이대의 직원을 붙이는 것인데, 그게 안 맞으면 아무리 찔러도 말문이 안 열린다.

말을 많이 안 하는 고객은 직원이 말을 하면 된다. 손님에게 왜 말을 안 하냐고 물으면 "물어봐도 손님이 대답도 안 하고 그냥 가래요" 하는 경우도 있다. 말을 걸어도 무뚝뚝하게 "됐어요" 하고, 옆에 오는 것도 싫어하는 경우도 많다. 그렇지만 부담 주지 않는 선에서 계속 찔러봐야 한다. 시도하다 보면 어느 한 순간 문이 열린다. 한두 마디 던져보고 뒤돌아서는 게 아니라 중간

중간 말을 툭 던져보면서 주기적으로 관심을 표해야 한다. 시간을 두고 '당신을 도와줄 사람이 여기 있습니다'라는 어필을 계속하는 것이다. "보시고 맘에 드시는 거 있으면 말씀해주세요" 하고 나서 관심을 끄면 안 된다.

"제가 알아서 할게요. 터치하지 마세요"라고 말하는 자기주도적인 고객도 있지만, 서로 말을 안 하고 있으면 고객도 말을 걸지 못한다. 혼자 보겠다고 했지만 '뭐지? 나한테 관심이 없네' 하는 생각이 들면 나가버리고 만다. "괜찮아요", "혼자 볼게요" 하는 손님에게 관심을 끄고 카운터에서 TV나 스마트폰을 들여다보고 있으면 손님은 기분 나빠할 것이다.

만약 아들이 "아버지, 제가 알아서 할게요" 한다거나 딸이 "신경쓰지 마세요" 했을 때, "오냐 너 알아서 해라" 하고 놔둔다면 부모 역할을 다 하는 사람이라고 할 수 없다. 적극 개입하지 않더라도 잘하는지 못하는지 옆에서 슬쩍 봐야 하고, 못하는 것 같으면 알게 모르게 방향을 알려줘야 하는 사람이 부모다. 또 연애할 때 여자가 싫다면서 오지 말라고 한다고 해서 남자가 가버리면 연애는 이뤄지지 않는다. 계속 시도를 하고 여자가 뭘 좋아하는지 마음의 문을 열기 위해서 관심을 가져야 한다. 관심을 꺼버리면 여자는 그 남자를 좋아할 기회가 없을 것이다.

고객도 역시 그냥 놔두면 안 된다. 최대한 그 사람 가까이에 있으면서 눈과 귀는 그 손님에게 열려 있어야 한다. 그 손님이 가장 관심 있는 부분에서 시선을 머물 것이기 때문에 그때 타이밍을 잡고 말을 붙이면 된다. 한 번 두 번 말을 붙이다 보면 "가라"는 소리를 여러 번 하지는 않는다. 손님이 관심있어 하는 것을 최대한 가장 빨리 캐치해야 해서 그것으로 대화 접점을 만들어내면 된다. "그거 요즘 제일 잘 나가는 거예요"라든지 "이거 어제 들어온 신상품이에요"라든지 "안목 있으시네요"라는 칭찬을 해주면 분위기가 풀리고 마음도 풀리면서 매출을 올릴 확률이 높아진다. 시간을 가지고 마음을 여는 것이 장사하는 사람들의 기술이고 역할이다.

고객이 더 많은 서비스를 원할 때

고객 응대의 목표는 물론 고객 만족이지만, 고객은 자신의 이익을 위해서 좋은 물건을 싸게 가져가기를 원한다. 깎아 달라는 말도 많이 하지만 고객 만족을 위해 서비스로 제공하는 무료 사은품을 제공받았을 때 모두가 고마워하는 건 아니다. 예상치 못한 서비스를 받았을 때 처음엔 고마워하지만 그게 당연시되면 더 많이 달라고 하는 것이 고객의 특성이다. 그러면 달라는 대로 항상 들어주는 것이 좋은 응대일까? 그럴 수는 없다. 장사는 기본적으로 먹고살기 위해서 하는 것이다.

우리 안경원에 고가의 안경테를 구매하는 분에게 제공하는 김서림 안경닦이가 있다. 한정된 고객에게만 제공하는 것이라 눈에 띄지 않는 구석에 보관해두고 꺼내고 있다. 그런데 이걸 한

번 받았던 사람은 다음에 왔을 때 또 달라고 하고, 부딪히기 싫어서 주면 "하나 더 달라"고 하는 손님도 있다. 우리나라 사람들은 서비스로 받는 상품에 대해서 '원래 다 공짜'라고 생각하는 경향이 있다. 원가만 받고 제공해도 기분 나빠한다. 그래서 이런 서비스 상품을 줄 때는 반드시 특정 고객에게만 제공하는 것임을 강조해야 한다(생색내기).

서비스 상품을 제공하기 곤란한 상황일 때는 차라리 없다고 하는 게 트러블을 줄이는 방법이다. "오늘은 원가로 드릴게요" 하는 말은 안 통한다. "지금 재고가 딱 떨어졌어요. 다음에 지나가다가 한번 들르시면 그때 드릴게요"라고 하면 된다. 그 순간을 넘기는 핑계 아닌 핑계를 만들어놓는 것도 좋다. 다시 들르는 귀찮음을 뚫고 오는 사람은 많지 않다.

엄청 바쁜 날에 기다리는 다른 손님들도 줄지어 있는데 그 와중에 구석에 숨겨둔 걸 찾아가지고 꺼내주는 직원도 있다. VIP 고객이니까 전에도 줬으니 당연히 지금 당장 줘야 된다고 생각하는 것이다. 그렇지만 원가가 비싼 상품을 무한정 제공하는 건 좋은 응대라고 할 수 없다. 사장이 매장을 자주 비우는 곳은 이럴 때 차이가 많이 난다. 보이지 않는 손실이 생겨서 돈이 질질 새는 것이다. 직원끼리만 있으면 앞뒤 없이 퍼주게 된다. 물론 너무 인색하면 안 되니까 서비스는 좋아야 하지만, 퍼줘야 할 곳을 잘 찾아서 줘야 한다. 안 줘도 되는 사람한테 너무 친절한 건 매장을 오래 지속할 수 있는 방법이 아니다.

고객이 할인을 원할 때

누구에게나 퍼주는 건 좋은 응대가 아니라고 했더니 머릿속에서 원가계산을 하느라 바쁜 일은 없었으면 좋겠다. 고객이 원하는 1차적인 만족은 좋은 물건을 싸게 사는 것이다. 그건 변함없는 사실이다. 고객이 깎아 달라고 할 때는 고마워할 만큼의 과감함도 있어야 한다.

우리 매장에서 일했던 후배 안경사가 청주에서 안경원을 오픈할 때 도움을 줬던 적이 있다. 전화를 해서 "오늘 장사 좀 했니?" 물었더니 "오늘은 조용했습니다. 근데요" 하면서 후배는 그날 있었던 일을 자랑하기 시작했다. 점심 때쯤 첫손님으로 할머니 한 분이 40대 아들이 쓸 안경을 보러 왔다고 한다. 법무부장관이 쓴 안경을 찾는다고 하셔서 검정색 뿔테를 보여 드렸다고 한다. 소비자금액은 19만 8천 원인데 70% 할인 행사 중이라 59,400원이라고 안내해드렸더니 "오, 별로 안 비싸네" 하시면서 흔쾌히 여러 종류의 안경테를 구경하셨다고 한다. 함께 온 아드님의 검안을 하고 렌즈까지 선택해서 99,400원이 나왔는데, 할머니는 9만 3,400원이 전부라며 그 금액으로 하면 안 되겠냐고 했다.

주머니에서 쌈짓돈 꺼내듯이 꼬깃꼬깃한 돈을 꺼내는 모습을 보고 후배는 할머니가 안 돼 보여서 그냥 그것만 받았다며 자랑 삼아 이야기를 했다. 나는 그 이야기를 듣고 "그러니까 장사가 안 되지. 넌 아직 멀었다"라고 말했다. 놀란 후배가 왜냐고 물었다. "9만 9천 원 정도인 걸 9만 3천 원만 받고 6천 원을 깎아줬어. 그건 좋아. 그런데 3천 원 마저 꺼내실 때 나 같으면 안 받는다. '할머니 그냥 9만 원만 주세요' 했을 거다. '3천 원은 맛있는 거 사드세요' 했을 거다. 6천 원을 깎아주면 그냥 '고맙다' 하는 정도이지만, 3천 원을 더 깎아주면 감동이 되어 고객의 마음을 살 수 있다. 이 3천 원의 값어치는 엄청나서 어떻게, 얼마나 되돌아올지 아무도 모른다."

내 얘기를 듣고 한숨을 푹푹 쉬던 후배는 나중에 느낀 바를 글로 써서 보내왔다.

> "아들이 법원 쪽으로 취업을 해서 안경을 맞춰주러 왔다는 할머니는 9만 3천 원을 지불하고 고맙다며 가셨습니다. 처음 들어왔을 때 옷과 행색은 조금 남루해 보였지만 들고 있는 핸드폰과 신발은 매우 깨끗하고 안경 금액을 들었을 때의 반응 등을 미루어봤을 때 긴가민가 싶었습니다. 마지막에 돈을 꺼내는 모습을 보고 어려운 사람이구나 싶었고, 한가했던 매장에 그래도 와주셔서 고맙다고 생각하며 그래도 내가 조금이나마 도움이 됐구나 싶어 나름 뿌듯했습니다.
>
> 그런데 저녁에 대표님과 통화를 하면서 '나였으면 9만 3천

원이 아니라 9만 원만 받았겠다' 하셨을 때 망치로 한 대 맞은 느낌이 들었습니다. 저는 그냥 어려워 보이는 분께 도움이 됐다며 자랑스럽게 말씀드린 건데, 그 3천원을 더 할인해 드리는 게 고객 만족도를 생각했을 때나 매장의 미래를 위해 훨씬 나은 방법이었다는 걸 깨달은 것입니다. 하루 종일 그 사실을 모르고 있었는데 대표님 아니었으면 앞으로도 평생 모른 채 비슷한 경우에 동일한 행동을 했을 것입니다.

오픈한 지 1년이 되었고 경기도 어려운데 매장이 한가해지니 저도 모르는 사이 예민해지고 숫자에 목을 매고 눈앞에 보이는 이익에만 치중한 제 자신이 한없이 부끄러웠습니다. 매번 많은 돈을 주고 광고를 하는 것보다 매일 한 손님이라도 내가 해줄 수 있는 자그마한 성의로 고객은 많은 감동을 받을 수 있다는 걸 깨달았습니다. 대표님 밑에 있으면서 기술, 매장 운영, 자세, 마인드 등 많은 것을 배우고 익혔지만 정작 장사의 끼는 늘지 못한 느낌이라 마음이 아팠습니다. 자그마한 차이가 불러일으킬 크나큰 결과를 지난 5년 동안 보았기 때문에 더욱 정신이 바짝 들게 되었습니다."

만족을 넘어 감동을 주는 법

나에게도 이와 비슷한 경험이 있었다. 직원들의 근로 환경을 주 5일 근무로 바꿔주면서 일요일에는 매장 문을 닫고 화요일에는 최소한의 인원만 나오게 되었다. 얼마 전 화요일 아침에 나하고 초보 직원 1명 만이 서비스를 위해 매장에 나와 있었는데, "나 여기 안경원 있는지도 몰랐다"며 할머니 한 분이 들어오셨다. 딱 보기에도 오래된 안경 두 개를 들고 왔는데, "눈이 잘 안 보인다"고 했다. 하나는 아주 오래 전 안경이고 하나는 이후에 새로 맞춘 듯했는데, 도수 변동 때문에 잘 안 보이는 것 같았다.

검안 후에 할머니에게 "안경 렌즈에 기스가 많이 났으니까 두 개 다 렌즈를 바꿔서 쓰세요"라고 말했다. 할머니는 둘 중 하나는 안경테가 찌그러졌다고 하는데, 안경테까지 바꾸면 할머니에게 금액 부담이 있을 것 같았다. "안경테는 손 봐드릴 테니까 그냥 쓰세요"라고 말씀드리며, 렌즈는 저렴하게 3만 원짜리로 해드렸다. 렌즈 두 개를 하셨기 때문에 총 금액 6만 원을 안내해드렸고, 피팅을 해서 얼굴에 씌워드렸다. 할머니가 지갑을 열고 5만 원짜리 한 개를 꺼내실 때 얼핏 보니 뒤에 1만 원짜리가 없는 것 같았다. 그래서 "할머니 5만원 만 주세요. 1만 원은 맛있는 거 사드세요" 했다.

"아이고, 고마워서 어떡하나" 하는 할머니에게 "괜찮아요. 다음에 또 필요하면 오세요" 하고 배웅해드렸다. 같은 날 오후가 됐을 때 그 할머니 친구라는 분이 안경원에 와서 안경을 맞췄다. 아마도 할머니는 기분이 좋았고 "거기 가봐라. 큰 데 좋은 데 있다" 했을 것이다. 오후에 온 할머니는 "내 친구가 여기 가보라고 해서 왔다"면서 안경렌즈와 안경테까지 합해서 6만 원을 쓰고 나가셨다. 나는 1만 원을 깎아주고 6만 원을 더 번 것이다.

이런 일은 매일 있을 수도 있는 현상이며, 장사의 묘미라고 할 수 있다. 매장에 사장이 항상 있으면 고객 만족을 넘어 감동을 주는 일이 자주 일어날 수 있다. 타이밍 좋게 반전을 주는 감동은 권한이 없는 직원은 하기 어렵다. 그래서 현장에 사장이 없으면 장사가 안 되는 법이다.

구매의사가 없는 손님을 응대하는 법

딱히 구매할 필요가 있는 건 아니지만 구경하러 매장에 들어가는 경우가 있다. 대표적으로 옷가게가 그렇다. 필요에 의해서 오는 안경원은 구매할 확률이 90%라면 아마도 옷가게는 그 반대편에 있을 것이다. 방문한 고객 중에 10~20%만 구매로 이어진다면 장사가 정말 어려울 것이다. 그래서 많은 업종 중에 옷장사를 잘하는 사람이야말로 진짜 장사를 잘하는 사람이라고 생각한다.

안경도 패션의 범주에 들어가긴 하지만 옷이야말로 확실한 패션상품이다. 그래서 그 매장에서 추구하는 확고한 색깔이 있어야 하고 사장이 가장 자신 있는 타깃층을 정확하게 선별해 상품 구색을 갖추어야 한다. 그 타깃층이 들어왔을 때는 그 사람에게 어울릴 만한 것을 족집게처럼 선별해 코디를 잘해줘야 하기 때문에, 공부를 많이 하고 감각을 유지하기 위해 트렌드에도 관심을 가져야 한다. 옷가게 하는 사람이 감각이 없으면 손님이 옷을 살 리가 없다. 나는 직원들에게 가끔 이런 말을 한다.

“안경원은 진열장에서 안경 꺼내서 씌우면 끝이잖아. 옷가게에서 장사해봐라. 입어보고 안 사면 옷을 다시 개서 정리해야 되고, 나중에 확인했는데 안 사고 나간 사람이 화장품이라도 묻혀놨어 봐. 어떻겠어? 그에 비하면 이 장사는 얼마나 좋냐. 옷가게는 열 명 중에 한두 명 살까 말까인데 우리는 열 명 중에 아홉 명은 사잖아. 이거 가지고 힘들다고 하지 말고 감사하자.”

특히 고가품의 경우에 오래 시간 열심히 설명했는데 허탈하게도 고객이 센스 있게 거절하고 뒤돌아서는 경우가 있다. “생각해보고 올게요”, “남편이랑 얘기해볼게요”, “저한테 필요한 건 아니네요” 이런 말을 하는 고객은 고이 보내드려야 한다. 재방문 확률을 높이려면 담당자가 명함 하나 건네주는 걸로 끝맺으면 된다. 끈을 연결해놓는 것인데, 안경원의 경우에는 “고객님 기록 남겨둘까요?” 하고 물어본다. 그러라고 한다면 재방문 확률이 좀 더 올라가는 것이기 때문에 “다음에 저를 찾아주세요” 하고 꼭 명함을 건넨다. 물론 받아놓고 안 오는 사람도 있지만 정중하게 부담을 살짝 주는 것이다. 자동차를 구경하러 갔는데 “안녕히 가세요” 하고 끝낸다면 다시 가기 싫은 것이 고객의 마음이다. 그럴 때 명함이라도 하나 주면 문의가 다시 올 수도 있다.

손님이 비싸다고 망설일 때

장사는 업종에 따라 정찰제인 곳도 있지만 홍정이 있는 곳이 있다. 이런 곳에서 고객이 가격 때문에 구매를 망설일 때는 고객이 느끼기에 부담이 덜어질 수 있도록 비교해줄 대상을 찾으면 좋다. “이거 싼 겁니다”라고 해도 이 사람은 비싸다고 생각하기 때문에 인식을 바꿀 수는 없다. 안경으로 예를 들면 다초점렌즈로 30만 원짜리를 선택하고 안경테를 고르니까 총 금액이 50만 원이 돼서 고객이 ‘비싸다’고 생각하게 됐다고 해보자. 목돈으로 50만 원을 한번에 지불하는데 “별로 안 비싼대요”라고 얘기해봤자 와닿지 않는다. 이럴 때 나는 비교 대상을 가까이에서 찾아 이야기해준다.

“이거 얼굴에 매일 쓰는 거잖아요. 미용실에서 머리 자르는데 한 달에 얼마 듭니까? 비싼 미용실은 커트에 5만 원 들죠. 염색 한번 하면 얼마예요? 그것도 2만 원은 듭니다. 중간에 펌이라도 한번 하면 10만 원 넘게 드는데, 계절마다 미용실을 간다고 쳐도 2년이면 80만 원이에요. 안경은 2년은 쓰니까 머리 비용보다 쌉니다.” 이렇게 말하면 비싸다는 이미지는 확 떨어지고 “아, 그러면 싸다”고 한다. 우리 제품이 부담스러운 가격이 아니라는 걸 실생활에서 이해할 수 있는 비교 대상을 찾아 멘트를 개발해놓으면 설득이 수월하다.

학생 손님이 한번은 “저번에 안경을 좀 비싼 걸 했더니 부담돼요”라고 했다. 나는 이렇게 말해주었다. “옷은 1년 동안 계절별로 4번은 바꿔야 되잖아. 그런데 안경은 1년 내내 쓰잖아” 하니까 “맞네요” 했다. 무조건 “우리 집은 쌉니다” 하는 걸로는 고객을 이해시키지 못한다.

고객을 응대할 때 제품의 강점, 장점을 설명하는 것도 중요하지만 그걸 기본으로 **고객이 자기 생활에 어떤 실질적인 혜택이 있는지 알려줘야 한다.** 내 업종이 아닌 실생활에서 가장 편하게 비교할 수 있는 대상을 찾으면 좋다. “안경은 왜 이렇게 비싼 거예요?” 하면, “휴대폰은 사실 100만 원짜리 비싼 물건인데 2년이면 못 쓰겠다고 바꾸잖아요. 그렇게 따지면 안경은 싸죠. 매일 쓰는 눈인데요”라고 설명하면 뒷말이 없다.

때로는 왜 이렇게 안경은 오래 못 쓰는 거냐, 5년은 껴야 된다고 주장하는 사람도 있다. “그건 무리죠. 안경은 비가 오나 눈이 오나 매일 매순간 잘 때 빼고는 쓰고 있잖아요. 휴대폰보다 오랜 시간 사용하는데 2, 3년 쓰면 본전 뽑으신 겁니다. 한 달에 1만 원 쓴다고 생각하십시오. 눈 건강에 필요한데 그 정도는 써야 되지 않겠습니까.” 이런 이해시키는 멘트는 아주 중요하다.

어떤 손님이 안경렌즈 압축을 몇 번 할지를 두고 고민하고 있다(안경렌즈의 두께는 굴절률이라는 용어를 쓰지만 쉽게 ‘압축’이라 표현했다).

도수가 높은 경우에는 세 번 압축과 네 번 압축의 가격 차이가 많이 나기 때문에 선택의 기로에 선다. "네 번 압축하면 비싸기는 하죠. 렌즈를 주로 끼고 안경은 보조로 낀다면 두세 번만 압축하라고 하겠습니다. 근데 지금 이건 매일 쓰는 안경이죠? 도수가 높은데 안경을 매일 써야 하니까 금액 차이가 나더라도 착용감이 편할 거라서 만족도 차이가 클 거예요." 그 얘기를 듣고 맞는 말이라서 네 번 압축이 비싸긴 했지만 그걸 선택했고, 그 손님은 다음부터는 계속 네 번 압축을 한다고 한다. 게다가 남편도 아이도 "매일 쓰는 건데 착용감 좋은 거 해" 하면서 네 번 압축을 권하고 있다.

바쁠 때 유용한 대면 응대 요령

매장에는 요일마다 시간대마다 고객이 몰리는 때가 따로 있다. 매장이 바쁘면 사람들은 기다려주기는 하는데, 5분의 기다림을 당연시하는 사람이 있는가 하면 1분도 길다고 생각하는 사람도 있다. 바쁜 거야 판매자들 사정이고 고객은 이해 못하는 것이다. 이럴 때는 중간중간 터치를 잘 해야 한다. 립서비스라도 "오늘 왜 이렇게 바쁜지 모르겠어요. 조금만 기다려주세요. 금방 해드릴게요"라고 하면 '이 사람이 날 잊지 않고 있구나', '신경 쓰고 있구나' 하는 느낌을 받는다.

그런데 사람이 하는 일인지라 때를 놓치는 경우도 있다. 우리 안경원에서는 번호표를 뽑고 기다리는데 "내가 30분 기다렸다"라며 화를 막 내면 좀 풀어줘야 한다. "죄송합니다. 제가 빨리 해드릴게요. 나중에 좀 더 챙겨드리겠습니다"라고 말하기도 한다. 뭘 주게 될지는 모르겠지만 일단 저질러놓는 것이다. 안경닦이라도 한 개 더 주든지 조금이라도 깎아주든지 기분 좋게 하는 서비스를 해주고 화를 누그러뜨리면 된다. 이건 바쁠 때 가장 잘해야 하는 일이지만, 실수도 그만큼 많다. 끝까지 한 사람을 잘 파악하고 신경쓰느냐의 문제다. 이게 사장 눈에는 잘 보이지만 직원 눈에는 잘 안 보이기 때문에 사장이 직접 총괄하면서 "저기 좀 가보라"고 업무 배분을 잘 해줘야 한다.

사람이 많을 때 기다리는 5분, 10분 동안 고객은 어떤 마음일까? "이게 뭐야. 손님이 왔는데 응대도 안 하네" 하는 마음이면 그걸 푸는 데 시간이 오래 걸린다. 10분이면 끝날 일을 30분 투자해서 공을 들여야 한다. 대면 응대를 좀 더 원활하게 유도하기 위해서는 보이지 않는 간접적인 요소도 신경쓰는 것이 좋다. 예를 들어, 직원들이 많다면 인사 방법에도 영향을 받을 것이다.

예민한 고객은 특히 매너 있게 응대하는 데 신경써야 하는데, 고객이 사업을 해봤던 사람인 경우에는 "우와, 직원이 몇 명이야?" 그러면서 한 명씩 세고 있다. "이 사람들 다 월급 주려면 사장님 돈 엄청 벌어야겠다"라고 하는데, 결국 자신에게 비싸게 받지 말라는 선고다. 사실은 예민한 고객인 것이다. "이만큼 남으려면 바가지 많이 씌워야 되잖아"라고 말을 던지기도 한다. "하루에 얼마 팔아야 되나?" 하면서 바가지 쓸까 봐 의심의 눈초리를 보낸다. 보는 각도가 서로 다르기 때문에 예민한 고객을 응대할 때는 말도 조심스럽게 해야 한다.

팔고 싶은 상품이 팔리지 않을 때

사람들이 올바른 선택을 하도록 자연스럽게 유도한다는 뜻으로 '넛지(nudge)'라는 말이 있다. 장사에서 넛지는 진열, 디스플레이다. 상품 진열을 어떻게 해놓느냐에 따라 고객의 반응은 달라진다. 고객 응대에도 영향을 미치는 요소이기 때문에 언급해두려고 한다.

디스플레이에 따라 고객이 싸게 살 수 있는 집으로 느낄지, 비싼 집으로 느낄지 매장의 이미지도 달라진다. 특정 브랜드의 가격대가 정해져 있는 옷가게 같은 곳은 크게 상관없는데, 안경은 싼 것부터 고가 명품까지 차이가 많이 나니까 잘못하면 이미지도 나빠진다. 어느 자리에 얼마짜리를 두느냐에 따라 결과가 달라진다. 사람들을 지켜보면 희한하게도 비슷한 동선으로 움직인다. 그걸 빨리 찾아야 전략을 세울 수 있다.

디스플레이와 동선에 대해 책에서 이론적인 이야기가 많이 나오는데, 이게 현장에서는 소용없는 경우가 대부분이다. 가만히 고객을 지켜보고 가장 많이 머무르는 곳에 핫한 걸 두면 된다. 그게 들어오자마자 가장 눈에 띄는 곳만을 의미하는 건 아니다. 사장은 내 매장을 유심히 체크해야 한다. 고객이 어느 정도

둘러보다가 머무르는 곳은 정해져 있다시피 하다. 공간에 따라 사람들의 희한한 심리가 작용하는 곳이 있다. 그걸 찾으면 거기에 팔고 싶은 걸 놓아본다. 나중에는 그날 매출 결과를 보고 바꿔보기도 하는데, 변경 후 매출이 올라가면 잘 찾아가고 있는 것이다.

나의 경우에는 대체로 6개월마다 매장을 한번씩 뒤집는다. 얼마 전에도 매장을 바꿔봤는데, 그랬더니 비싼 안경테가 잘 나간다. **수시로 바꿔주고 최적의 것을 찾아야 한다. 상품 진열은 도전이다.** 그저 사장이 부지런하기만 하면 된다. 작은 매장이라면 매일이라도 할 수 있다. 사람들이 머무는 곳, 눈에 띄는 곳에 팔고 싶은 걸 놔뒀는데 매출이 안 오르면 다른 걸로 또 바꿔주면 된다. 그런 시도가 쌓이면 자기 나름대로의 룰을 터득해갈 수 있다. 매장마다 공간이 다르기 때문에 결국은 스스로 찾는 수밖에 없다.

백화점에 가면 자릿값이라는 게 있다. 그 공간 안에서 사람들이 많이 머무는 곳에 있는 매장은 자릿값이 비싸다. 동선의 흐름상 가장 핫한 곳, 코너의 매장이 가장 월세가 비싸다. 매장 안에서도 이런 흐름이 있고, 오너라면 그걸 찾아야 한다.

고객도 구석진 자리에 핵심 제품이 놓여 있지 않다는 걸 안다. 실제로 구석에 있거나 사각지대에 있는 물건은 잘 안 사게 된다. 그런 곳에 물건을 갖다놓으면 먼지만 쌓인다. 사람들이 가장 메인이라고 인지하는 곳에 주력 제품을 놓고 적절하게 로테이션시켜 주는 시도가 있어야 한다. 재고털이를 하는 주간에는 가장 잘 보이는 곳에 세일 상품을 내놓을 수도 있다.

고객이 거짓말을 하는 것 같다?

한의원에 어떤 환자가 와서 약을 먹고 침을 맞게 되었는데, 얼마 후 다시 왔을 때 "증세가 더 나빠졌다"고 말을 했다. 그곳 한의사는 맥진을 아주 잘하는 걸로 유명한 사람이었는데 맥을 짚는 검사를 한 후에 "나아졌는데 왜 거짓말했어요"라고 말하니까 환자가 이렇게 말했다고 한다. "바쁘시니까 저를 너무 신경 안 써주시는 것 같아서 사실은 나아졌는데 거짓말했어요."

이런 극단적인 경우는 아닐지라도 고객은 관심을 받길 원하고 자기 중심으로 응대를 받길 원한다. 그리고 자기 이익을 위해서는 거짓말도 한다. 예를 들면, 자신이 쓰고 있는 안경을 전에 10만 원 주고 맞췄는데 여기 와서는 절대로 그렇게 말 안 하고 "9만 원 줬어요" 하는 경우가 많다. 그렇게 고객이 마음을 감추는 경우가 있으므로 고객의 말을 액면 그대로 들을 수만은 없다. 대화를 하다 보면 들통날 때도 있지만, 그렇지 않으면 어쩔 수 없이 알면서도 믿는다는 전제로 이야기를 이어가야 한다.

이때 중요한 건 고객이 거짓말을 했냐, 안 했냐 여부가 아니다. 그보다는 고객이 말하는 9만 원에 맞춰서 내가 이 물건을 팔거냐, 안 팔거냐 빨리 판단해서 정하는 것이다. 고객의 말이 거짓말로 의심이 돼도 실제로 어디선가 흥정을 해서 샀을 수도 있다. 그걸 거짓말이라고 몰아붙일 필요는 없다. "에이, 무슨 9만 원에 사요" 이랬다면 "내가 뭐 거짓말했단 말인가요?" 하면서 감정싸움으로 번지며 오해가 쌓일 수 있다.

고객이 정말로 9만 원에 샀는지 안 샀는지 신경쓰지 말고 내가 9만 원에 팔았을 때 손해와 이득을 빨리 가늠해보는 것에 집중해보자. 마진을 적게 보고 팔면서 저 사람을 나의 고객으로 만들 것인가, 손해를 알면서도 나중을 위해 투자할 것인가, 그걸 선택하는 것이다. 그날 하루는 고객을 위해 속아주는 셈 치고 쓸데없는 실랑이에 진을 빼지 않는 것이 좋다.

장사의 고수는 원가를 꿰고 있기 때문에 오히려 '당신을 위해서 특별히'라는 명목 하에 더 깎아줄 수도 있다. 아니면 "그건 옛날 꺼네요. 요즘엔 그런 거 안 써요. 이런 걸 쓰죠" 하면서 다른 제품으로 유도하는 협상을 시도할 수도 있다.

'무엇을 팔까'보다 '왜 왔을까' 고민한다

직원들에게 나는 자주 이렇게 말한다. "손님이 들어오면 너희들는 무엇을 팔까 고민하지? 나는 그걸 고민하지 않는다. **저 사람이 왜 왔을까?** 나는 그걸 고민한다." 우리 안경원에는 지방에서 찾아왔다는 손님도 많은데, 나는 그들이 '이 멀리까지 왜 왔을까' 그게 가장 궁금하다. 싸다는 광고를 보고 왔을까, 안경테 종류가 많아서 왔을까, 서비스가 좋아서 왔을까, 여기에 고객 응대의 답이 있다.

그 이유를 알게 됐으면 그것을 만족시킬 방법을 내가 찾으면 된다. 그런데 그게 안 된다면 하는 수 없이 보내는 것이다. 도저히 그 가격에는 못 맞춰주거나 전문적인 실력이 안 되거나 공짜로 서비스를 끼워주지 못하면 돌려보내야 한다.

그런데 고객들은 왜 왔는지 그 이유에 대해 말을 잘 안 해준다. 바로 말해주면 좋지만 "그냥 왔어요. 둘러볼게요" 하는 경우가 많다. 그래서 고객이 문을 열고 들어왔을 때 첫 질문을 잘 해야 한다. 3장에서 자세히 이야기하겠지만 "어떻게 오셨어요?"처럼 거두절미하고 용건부터 묻는 것은 좋지 않다.

고객들이 간혹 물건을 싸게 살 목적으로 다른 매장과 비교해서 말하는 경우가 있다. 1만 원에 샀는데 "저기 가니까 9천 원이던데요" 할 수도 있다. 좋은 제품을 싸게 사고 싶은 게 고객의 마음이니까 그 점을 알고 대응하면 된다. 이럴 때 장사하는 사람들이 다른 매장을 비난하는 경우가 있다. “거기서 재고 정리하려고 덤핑 친 거예요” 정도는 애교일 만큼 심한 말도 하는데, 웬만하면 그런 모습은 안 보이면 좋겠다. 그런 모습은 같은 업종 안에서 서로 좋지 않은 결과로 이어질 수 있다. 이게 참 마음 아픈 일인데, 한 개 더 팔자고 남을 깎아내리는 것보다는 내 자랑을 하는 것으로 서로 선을 지키면 좋겠다.

착한 고객에게만 착하게 응대하고 싶다

안경 맞춘 지 일주일밖에 안 됐다는 아줌마가 안경을 들고 와서 울상을 지었다. 자기 실수로 부러진 건 알지만 너무 속상하고 상황이 억울하니까 부탁이라도 해보자 싶어서 하소연을 하는 것이었다. 안 됐다는 마음이 들었는데 마침 19,900원짜리 안경이라 재료비 1만 원만 받고 안경을 새로 해드렸다. 아줌마는 연신 고맙다며 기분 좋게 가셨다.

이럴 때 만약 제품이 불량이거나 안경사 과실 아니냐는 억지 주장을 하면서 소비자가 몰아세웠다면 어땠을까? 장사꾼도 사람인데 화난 마음을 화풀이하면서 말하면 ‘왜 내가 그걸 해줘야 해?’ 싶었을 것이다. 그러나 손님이 정에 호소하면 손해를 보더라도 얼마든지 좋은 마음으로 잘해줄 수 있다.

초기의 일부 인플루언서라는 존재가 평판을 볼모로 잡아 협박하는 나쁜 선례를 만들어내서 그런지 우리 사회에서 협박하고 고함 지르면 다 되는 줄 아는 이상한 풍토가 생겨났다. 우리 매장은 9년 동안 장사를 하다 보니까 이제 그런 경우는 절대로 허용하지 않는다. 마음 약한 사장이거나 오픈한 지 얼마 되지 않은 매장인 경우에는 말도 안 되는 거라도 일단 들어줘야 하는 경우도 있다. 아직은 평판이 쌓일 때까지 기다리는 것이다.

안경사의 경우 요즘 가장 힘들어하는 것이 수리 관련 AS다. 여기에는 사실 시대적 배경이 있다. 예전에는 안경이란 제품이 마진이 좋았다. 오래 낀 안경이 파손돼서 고객이 들고 왔을 때 수리 업체에 수리를 맡기는 것보다 새걸로 주는 게 비용이 쌌을 정도였다. 그래서 예전 유명 안경테 회사에서는 안경이 부러졌다거나 하는 손님이 오면 새걸로 바꿔주곤 했다. 서비스가 아주 좋았던 셈이다. 수리를 하려면 분해를 해서 박리하고 다시 조립하고 도금하는 데 시간도 오래 걸리고 인건비가 많이 드니까, 제조원가를 따져서 차라리 재고 중에 새 안경테로 교환해준 것이다. 나중엔 결국 그런 관행이 그 회사가 망한 원인이 되었다.

지금은 시대가 바뀌었다. 안경에 대한 마진이 많이 줄어들었기 때문에 고객이 부러진 안경을 들고 오면 새걸 주는 게 아니라 비용을 받고 수리 업체에 맡겨야 한다. 수리 AS비용은 예전이나 지금이나 비싼 건 똑같고, 게다가 수리 업체에서 받는 비용은 명품 100만 원짜리 수리비나 1만 원짜리 수리비나 차이가 크게 나지 않는다. 대신 수리하면 도금까지 깨끗하게 나온다. 그런데 고객의 인식은 여전히 예전에 머물러 있는 것이 문제다. 안경원에서 서비스는 공짜라는 인식이 고착화된 것이다. "내가 안경을 오래 썼는데 서비스에 돈 달라고 하는 건 처음이네요" 하는 말이 나온다. 안경원은 고객을 대신해서 수리 업체에 안경을 맡기고 찾아오는 건데 그걸 안경원이 비용을 대야 한다고 주장한다. 현실과의 갭 차이가 커진 것이 지금의 진상 고객을 만들었다.

예상치 못한 하자를 발견했을 때

안경은 검안에 따라서 안경사의 조제 과정이 들어가는 제품이다. 그래서 안경원은 상담, 조제, 홍정이 모두 들어가 있는 어려운 장사다. 안경 조제는 특성상 사람의 손길이 꼭 거쳐야 하는데 그러다 보면 미세한 에러가 있을 때가 있다. 예를 들어, 안경렌즈를 안경테에 넣어야 하기 때문에 안경테를 갈아야 하는 공정이 있는데, 손님이 많아서 안경을 많이 만들다 보면 안경테 크기보다 안경렌즈가 작게 가공될 때가 있다. 한가한 시간에는 바로 수정해줘도 되는데, 손님이 한참 밀려 있고 한 손님에게 오랜 시간 집중할 수 없는 상황이라면 어떻게 해야 할까?

이럴 때 한 손님에게 오래 집중하면 기다리다 지친 밀린 손님들은 짜증이 난다. 어떻게든 오래 걸리지 않고 상황을 넘길 수 있는 기지가 필요한데, 이럴 때는 말 표현을 조금 달리 해서 전달해본다. "손님, 이번에 고르신 안경테가 '역반테'라고 하는 것인데, 안경렌즈를 일부러 살짝 작게 가공해야 외부 충격에 렌즈가 깨지지 않습니다. 이번에 써보시고 혹시라도 불편하면 다시 바꿔드릴게요." 이런 식으로 말하면 손님들은 오히려 고마워한다. 그렇지 않고 만약 이실직고하듯이 말했다면 "대충 만들어놓고 이게 뭐하는 거야?" 하면서 화를 낼 가능성이 높다.

고객에게 피해를 입히라는 뜻이 아니다. 이때 주의할 점은 고객이 제품을 사용하는 데에는 아무 문제가 없어야 한다는 것이다. 예민한 사람이라면 알 수도 있지만 보통의 사람이라면 모르고 사용할 수도 있는 작은 에러의 경우를 말하는 것이다.

온라인 구매를 할 때 그런 경우가 많을 것이다. 주문해서 배송이 왔는데 반품하기에는 애매하고 쓰자니 조금 찝찝한 경우가 있을 것이다. 사용하는 데 문제는 없는데 살짝 흠집이 있다든가 해서 완벽한 상태가 아니라 기분은 좋지 않은 경우다. 회사 입장에서 이런 건 놔두면 팔기가 애매한 제품이다. 그렇다면 50% 확률로 반품이 들어올 수도, 안 들어올 수도 있는 복불복 상황이라 생각하고 배송을 보냈을 가능성이 크다. 고객만 상관없다면 회사도 상관없는 것이다. 귀찮더라도 반품을 굳이 요청하는 사람은 바꿔주면 된다. 장사가 경영의 차원으로 들어가면 그런 문제가 있다.

누가 착한 안경사, 누가 나쁜 안경사인가

착한 안경사와 나쁜 안경사의 비유가 있다. 고객이 와서 검안을 하고 40만 원짜리 안경을 조제했는데 전달하기 직전에 안경테에서 잘 보이지 않는 티를 발견했다. 공장에서 올 때부터 있었던 티로 보이는데 그제서야 발견을 했다. A안경사는 홍정까지 끝나고 조제도 끝난 상황에 그대로 알렸다. "고객님 죄송합니다. 하자가 있어서 다시 주문해야겠습니다."

이때 일어나는 일은 손님에 따라서 두 가지 경우가 있다. 첫째, "알았어요. 그러면 새로 해주세요" 하고 이해해주는 고객이다. 둘째, "제품 검수도 안 하고 뭐하는 거예요? 재고 팔아요?" 이렇게 화를 내는 사람이다. "내일 출장 가려고 오늘 맞추는 건데 환불해줘요" 이럴 수도 있다. A안경사는 매출 확정까지 성공 확률이 50%다. 이 사람은 통념상 이야기하는 착한 안경사다.

반면에 B안경사는 뒤늦게 티를 발견해서 알고 있지만 어쩔 수 없이 출고시킨다. 다시 가지고 와서 교환해갈 것을 예상하고 출고시키는 것이다. 이때도 두 가지 경우가 있다. 첫째, 미세한 에러이기 때문에 고객이 모르고 쓰는 경우다. 전문가가 보면 알 수도 있는데 일반인이 보면 모르고 지나갈 수 있는 경우다. 둘째, 집에 가서 자세히 살펴본 고객이 방문하거나 전화를 걸어오는 경우다. 여기서 중요한 것은 계산은 끝났다는 것이다. 이때 고객은 심리적으로 "이거 안 바꿔주면 어떡하지?"라고 생각한다. 거래가 종료됐기 때문에 화를 내는 경우보다 부탁하는 경우가 많다. "집에 가서 봤더니 좀 이상한 것 같아요"라고 하면 친절하게 이야기를 들어주고 바꿔주면 오히려 고마워한다. 이 경우 환불을 생각하는 고객은 거의 없다.

우리의 도덕적인 상식과는 다르게 이런 경우에 사실대로 말한 착한 안경사는 무능력하고 나쁜 놈이 될 수 있지만, 사실을 숨긴 나쁜 안경사는 부탁을 들어주는 고마운 안경사가 될 확률이 높다. **현실에서 상식과 다른 일이 벌어지는 것이 장사다.** 한두 시간 고생하면서 일했는데 내 실수도 아닌 제품의 하자 때문에 먹고살자고 하는 일에 서로가 기운 빠지고 매출을 취소당하는 것이 바람직한 일일까? 물론 선택은 각자의 몫이다.

매출과 도덕의 경계선에서 임기응변으로 대응하지 못한 착한 안경사는 돈도 못 벌고 욕을 먹고 고객도 놓친다. 10만 원짜리 제품을 손님에게 20만 원 받았다면 그건 잘못된 것이지만, 상식으로 생각하는 양심적인 행동이 모두 다 좋은 결과로 이어지지만은 않는다. 고객이 제품을 쓰는 데 문제가 없고 일반적으로는 그냥 무시할 수 있는 미세한 하자라는 전제하에서 하는 이야기다. 대신에 클레임이 들어오면 기분 좋게 해주고 바꿔준다. 그러면 희한하게도 고객은 감동을 받는다. "죄송한데요. 바꿔줄 수 있어요?" "아유 괜찮습니다. 완벽한 걸로 바꿔드릴게요" 하면 고마워한다. 나쁜 안경사가 칭찬을 듣는 상황이다.

3분 요약 체크–Chapter.2 마음을 얻는 상황별 임기응변의 법칙

◎ **장사는 설득이며 심리전이다.** 소매 마케팅의 핵심은 고객의 마음을 움직이는 것이다. 어떻게 경쟁 점포와 차별화된 점포를 만들어낼 것인가? 어떻게 예측할 수 없는 고객의 마음을 만족시킴으로써 매장 콘셉트를 지지하는 고정 고객을 확보할 수 있을까에 대한 답을 늘 연구해야 장사에 성공할 수 있다.

◎ **첫느낌에서 사로잡으면 응대가 쉬워진다.** 판매자가 다가가기 전에 이미 고객이 매장에 들어섰을 때 첫느낌이 좋은 상태라면 응대는 훨씬 수월해질 것이다. 고객이 '여기 괜찮을 것 같아'라고 느끼도록 직원의 응대 태도, 멘트 등이 그 매장의 콘셉트를 구현해주듯 맞아떨어져야 한다.

◎ **소개받고 온 손님, 추천해 달라는 손님.** 업종에 따라 나이에 따라 다르지만 판매자의 접객을 좋아하는 사람이 있고 그렇지 않은 사람이 있는데, 이걸 잘 구별하는 사람은 매출도 높일 수 있다. 각기 성향이 다른 사람이 우리 매장에 왔을 때 그 사람이 원하는 걸 순간적으로 간파하는 능력이 장사의 열쇠가 된다.

◎ **고객이 뭘 원하는지 스스로 모를 때.** 손님들 중에는 자신이 뭘 원하는지 모른 채 그냥 오는 경우도 많다. 장사하면서 가장 골치가 아픈 사람이 이런 경우다. 이런 사람들의 특징은 말을 많이 안 한다는 것이다. 원래 성격일 수도 있고 모르겠으니까 말을 안 할 수도 있다. 이럴 때 가장 필요한 것이 담당 직원의 역할이다. 시간을 가지고 마음을 여는 것이 장사하는 사람들의 기술이고 역할이다.

◎ **고객이 더 많은 서비스를 원할 때.** 고객 만족을 위해 서비스로 제공하는 무료 사은품을 제공받았을 때 모두가 고마워하는 건 아니다. 서비스 상품을 줄 때는 반드시 특정 고객에게만 제공하는 것임을 강조해야 한다. 서비스 상품을 제공하기 곤란한 상황일 때는 차라리 없다고 하는 게 트러블을 줄이는 방법이다.

◎ **구매의사가 없는 손님을 응대하는 법.** 장사는 업종에 따라 정찰제인 곳도 있지만 흥정이 있는 곳도 있다. 이런 곳에서 고객이 가격 때문에 구매를 망설일 때는 고객이 느끼기에 부담이 덜어질 수 있도록 비교해 줄 대상을 찾으면 좋다. 또 제품이 기본으로 고객의 생활에 어떤 실질적인 혜택을 주는지 알려줘야 한다.

◎ **바쁠 때 유용한 대면 응대 요령.** 매장에는 요일마다 시간대마다 고객이 몰리는 때가 따로 있는데, 이럴 때는 중간중간 고객의 마음을 잘 터치해야 한다. 립서비스라도 하며 고객응대를 하고, 예민한 고객을 응대할 때는 말도 조심스럽게 해야 한다.

◎ **고객이 거짓말을 하는 것 같다?** 고객은 관심을 받길, 자기 중심으로 응대를 받길 원한다. 그리고 자기 이익을 위해서는 거짓말도 한다. 그렇게 고객이 마음을 감추는 경우가 있으므로 고객의 말을 액면 그대로 들을 수만은 없다. 대화를 하다 보면 거짓말이 들통날 때도 있지만, 아니면 어쩔 수 없이 알면서도 믿는다는 전제로 이야기를 이어가야 한다.

◎ **예상치 못한 하자를 발견했을 때.** 매출과 도덕의 경계선에서 임기응변에 능하지 못하면 돈도 못 벌고 욕을 먹고 고객도 놓친다. 고객이 제품을 쓰는데 문제가 없고 일반적으로는 그냥 무시할 수 있는 미세한 하자라는 전제하에서 하는 이야기다. 대신에 클레임이 들어오면 기분 좋게 해주고 바꿔준다. 그러면 희한하게도 고객은 감동을 받는다.

내가 심은 나무의 열매가
세상에서 가장 맛있다

The fruit from the tree I planted
is the most delicious in the world.

Chapter. 3

구매 결정력을 높이는 대화의 법칙

- 설명만 하는 사람, 마음을 여는 사람
- 고객을 예스맨으로 만들어라
- 질문으로 상황을 장악하는 법
- “안 됩니다”는 안 된다
- “이 정도만 사도 충분해요”
- 반 박자 빠르게 고객을 읽어라
- 고객의 흔한 불만을 없애는 임기응변
- 말하지 않고도 구매 욕구를 높이는 법
- 실수를 줄이는 대화의 스킬

설명만 하는 사람, 마음을 여는 사람

매장에는 그 터가 가지고 있는 매출이 있다. 어떤 사장이 장사를 시작하든 그곳에서 최소 그 정도는 나온다 하는 매출이 있다. 그런데 자릿값에 끝나지 않고 여기에 더해 사장이 만들어내는 매출이 있다. 어떤 사람이 장사하느냐에 따라 달라지는 매출이다. 그 다음은 직원에 따라 다르고 이런저런 요소들이 섞여서 그 매장의 매출을 만들어낸다.

만약에 A급 상권에 기본적으로 월 5천만 원의 매출은 올릴 수 있는 자리가 있다면, 마인드 좋고 노하우가 있는 사장은 6천만, 7천만 원의 매출을 올릴 것이다. 거기서 더해 직원 교육까지 잘 돼 있다면 매출은 더 오르는 것이다. 그런데 사장의 노하우가 없어도 불친절해도 그 자리에서 장사하면 올릴 수 있는 매출을 가지고 "장사 잘 한다"고 하는 경우가 있다. 장사의 고수는 어느 정도가 자릿값이고 어느 정도가 사장의 능력인지 구별할 수 있을 것이다. 이 책에서 알려주려는 것은 **매출을 더 높이고 회전율을 개선시키는 능력 있는 사장의 방법들이다. 매장의 콘셉트, 판매 시스템, 상품 진열 등도 좋아야 하지만, 매출을 올리는 결정타는 결국 판매자의 응대이며 말이다.**

고객 응대는 크게 두 가지 유형이 있다. 응대를 쉽게 하는 사람들은 자신이 고객을 리드하면서 대화한다. 그중에는 일사천리로 자신이 하고 싶은 말을 하면서 응대하는 사람이 있는가 하면, 고객이 생각할 시간을 주면서 여유 있게 하는 사람이 있다. 여유를 가지면서 하는 경우에는 주의할 점이 있는데, 고객에 따라 잘 판단해야 한다. 고객이 사교적인 사람일 경우에는 쉽게 끌려갈 수 있기 때문이다. 잘 모르겠다 싶을 때는 매뉴얼대로 하면 된다.

그런데 판매자가 적극적이고 사교적인 사람일 경우에는 고객 스타일에 맞춰서 자연스럽게 흘러가는 대로 따라가는 경우가 많다. 누구에게나 친밀하게 할 수 있는 사교적인 사람은 매뉴얼대로 하는 걸 싫어하는 경우가 있다. 이렇게 고객 응대 유형은 달라지더라도 중요한 건 기본을 지키면 된다는 사실이다. 고객 응대에서 기본이란 관심과 친절이다. 고객을 돈으로 보는 게 아니라 진정성으로 대하고 있다는 걸 느끼게 하면 된다.

관심으로 마음을 여는 감성적 설득

내가 처음 오픈했던 시골 읍내에 한의원 두 곳이 있었다. 한 곳은 환자가 많지 않았는데, 또 다른 한 곳은 환자들이 엄청 몰려가는 곳이었다. 근방에 사는 할머니들은 "침 맞으러 왔는데 2시간 기다렸다"라는 말을 하기 일쑤였다. 두 곳이 너무 차이가 나서 궁금해하던 어떤 사람이 할머니 한 분에게 저기만 왜 그렇게 잘 되느냐고 물어보았다. "거기 가보면 원장이 진짜 싹싹하다." 할머니는 그렇게 이야기했다고 한다.

안 되는 집은 사무적으로 처방만 하고 끝나는데 잘되는 집은 첫 인사를 손부터 잡으면서 "어머니 오셨어요" 한단다. 의사라고 생각하면 높게 보는 할머니들이 말 한마디에 다 녹아내리는 것이다. 이러면 마음이 편하니까 자주 가고 치료도 잘 되고 빨리 낫는다. 의사지만 자식 같고 손자 같으니까 맘 편히 가는 것이다. 한 번 왔던 환자는 잘 기억해놨다가 아는 척하는 의사는 사람의 마음을 아는 사람이다. 자신이 좀 배웠다고 해서 그런지 환자들과는 대화를 안 섞고 간호사들한테 맡겨버리는 의사들도 요새는 많다.

TV에 자주 얼굴을 비치며 다수의 베스트셀러를 썼다는 어느 의사는 환자가 오면 2시간 동안 상담을 해준다고 한다. 고령의 환자가 많은 편이라고 하는데, 환자들은 젊은 시절 일을 많이 하느라 관절이 상했다든가 남편이나 자식들 때문에 속을 썩느라

소화가 안 된다든가 하는 이야기를 하소연하면서 쏟아낸다고 한다. 의사는 이야기를 들어주는 중간중간에 TV나 책을 통해서 주장하던 특정 영양소의 효능이나 건강법에 대해 이런저런 말을 곁들인다고 한다. 그러고 나서 환자가 나가면 진료실 밖에서는 사무장이 이것저것 영양제를 한 아름 안겨준다고 한다. 환자들은 2시간 동안 의사가 이야기를 들어줬으니까 미안해서라도 그걸 산다고 한다.

반면에 불친절한 판매자는 보이지 않게 틱틱거리기도 한다. 어떤 점원은 '안 살 거면 가'라는 뉘앙스를 주는 것처럼 행동하기도 한다. 예를 들면, 고객이 "이것 좀 보여줘요" 하면 "이거 비싼데"라고 하는 것이다. 행색을 보고 은근히 차별하면서 안 살 거면서 보여 달라는 사람으로 보면 구매는커녕 재방문은 없을 것이다.

장사는 물건을 파는 게 아니라 사람의 마음을 읽는 것이다. 어떻게 하면 우리 매장에 오는 고객들이 좋아할까? 어떤 걸 주었을 때 고객들이 좋아할까? 그런 연구를 지속하는 사장이 매출을 올린다. 고객의 욕심은 끝이 없고 계속 진화하기 때문에 그에 맞게 나도 계속 연구해야 한다. 오늘 만족했던 것을 1년 뒤에 똑같이 한다고 해서 좋아하리란 보장은 없다. 장사의 어려움은 그 점에 있다. 그래서 사장이 지치면 장사를 오래 못하는 것이다.

결국엔 고객 입장에서 자꾸 생각해보는 것밖에는 방법이 없다. 내가 고객이라면 이 매장에 들어와보고 싶을까? 내가 고객이라면 이 매장에 들어왔을 때 만족할까? 이렇게 계속 생각하다 보면 감성적인 터치를 할 수 있다.

자기 매장에 맞는 고객 응대 매뉴얼을 짤 때에도 '내가 소비자가 됐을 때 어떤 말을 들으니까 기분이 좋더라' 하는 관점에서 보면 멘트 개발도 잘 할 수 있다. 사장 입장에서가 아니라 다른 곳에서 직접 소비할 때 경험했던 것을 바탕으로 생각하면 된다. 직원 교육에서도 마찬가지다. "네가 고객이라면 이런 말 어떨까, 이게 더 좋지 않을까 상상해봐." 이렇게 소비자 입장에서 생각해보는 연습을 해야 한다.

고객을 예스맨으로 만들어라

고객 만족을 강조하다 보면 밑지고 파는 건 아닐까 걱정되는 마음도 생길 것이다. 그러나 그런 마음을 뒤로 하고 일단 고객을 만족시켜야 한다는 것은 단골 고객을 늘려가는 것이 장사의 기본이기 때문이다. 한 번 오고 말 손님이 아닌 고정적인 방문 고객으로 만들려면 사람들의 심리를 잘 읽어내 대화법에도 적용할 수 있어야 한다. 내가 직원 교육을 할 때 자주 이야기하는 것 중 하나는 **고객을 예스맨으로 만들라는 것이다. 일명 긍정 화법이다.** 질문을 던질 때 고객이 "예(Yes)"라고 할 만한 것을 유추해서 말하는 것이다.

안경원에서는 안경렌즈의 도수를 최종 결정하기 위해 검안을 한다. 이때 긍정의 대답을 유도하도록 질문을 해야 한다. 이 사람의 눈 상태에 이 정도 도수라면 잘 보일 것이라는 걸 안경사는 알고 있기 때문에 예를 들어 8을 띄우고 A라는 도수를 넣고 "잘 보이시죠?"라고 묻는다. "예"라는 대답을 유도하는 것이다. 이어서 잘 안 보일 만한 도수를 넣었을 때는 "잘 안 보이시죠?"라고 묻는다. 당연히 "예"라고 대답할 것이고, 그렇게 부정의 대답으로 "아니오"가 나올 수 없는 질문을 계속하는 것이다.

이것은 심리적으로 주도권을 쥐고 부정적인 사람도 긍정적인 사람으로 만드는 비법이다. 그래야 내가 최종적인 딜을 할 때 자기도 모르게 "예"가 나오기 쉽도록 하는 것이다. 이걸 잘 모르는 사람은 상황을 통제하지 못하고 있는 그대로 "보이나요?" 묻다가 "아니오"라는 대답을 듣고 만다. 상담이 필요한 업종에서는 이것이 필수다. '예스'를 유도하는 질문을 자꾸 던지면 고객과 커뮤니케이션이 잘 된다. 그런 게 없이 마구잡이로 대화를 하면 구매 확률이 떨어진다.

사장은 탐색 과정에서 고객이 '예스'로 답할 수밖에 없는 상황을 몇 가지 알고 있어야 한다. 단골을 만들려면 예스맨을 만들어야 하고 그게 가능하려면 상대가 어떻게 할 것이라는 걸 추측해서 알고 있어야 한다. 긍정의 소비자 교육을 시킬 수 있는 사람은 모르는 사이에 고객을 내 편으로 만들 수 있다. 긍정적인 사람이 되면 알게 모르게 나와 친분이 쌓인다. 계속 부정의 말을 하면 내가 아무리 노력해도 그 사람의 마음을 끌어당길 수 없다. 장사를 하는 사장이라면 고객이 긍정으로 대답할 수 있도록 유도화법을 연구해야 한다.

예쁘다고 말하면 예쁘게 보인다

우리 매장의 직원들이 스트레스를 받는 것 중 하나가 안경렌즈 색깔에 대한 것이다. 선글라스가 아닌 일반 안경에도 성인들은 색을 10~20% 넣어서 쓰는 경우가 많다. 이때 만약에 노란색을 20% 넣었다면 사람들은 "요즘 세상이 얼마나 좋은데 과학이 얼마나 발달했는데"라며 20%를 넣으면 어디서든 똑같이 균일하게 나올 것이라고 생각한다. 그런데 안경렌즈는 전부 수작업이라 그게 안 된다. 온도, 습도 등 여러 가지 여건에 따라서 민감하게 달라지기 때문에 똑같이 하지는 못한다.

보통 사람들은 그 차이를 크게 상관하지 않고 넘어가는데, 예민한 사람들은 그 차이를 느낄 수 있다. "실력이 없어서 그렇지, 이걸 왜 못 만드냐"는 말을 들을 때 안경사들은 스트레스를 받는다. 또 색깔에 대한 감각은 개인마다 모두 다르다. 색을 20% 넣었을 때, 어떤 사람은 연하다는 사람이 있고 어떤 사람은 진하다는 사람도 있다. 예스 화법을 알지 못하는 직원은 손님에게 "어떠세요?" "맘에 드세요?"라고 하는 경우가 있다.

그런데 이렇게 말을 꺼내버리면 그때부터 고객은 자세히 살펴본다. 이때 평가가 들어가면 수습하기가 힘들다. 고객은 사실 전문가가 아니라 잘 모르겠는데도 "어떠세요?"라고 물으면 '좋다', '상관없어요'보다는 '너무 진하다' 아니면 '너무 연하다'라고 대답해야 할 것 같은 생각이 든다. 상황이 그렇게 흘러버리면 수습하기 위해서 "그게 아니고요"부터 시작해서 변명같은 설명이 들어간다.

그보다는 설령 색깔이 좀 연한 것 같아도 먼저 선수를 치면 된다. "진짜 색깔 예쁘게 잘 나왔네요" 하고 먼저 말을 꺼내는 것이다. 대부분의 사람들은 그전에 신청하면서 봤던 컬러가 10%인지 20%인지 이게 연한 건지 진한 건지 잘 모른다. "잘 나왔다"고 먼저 각인을 시키는 순간 '아니오'라고 할 확률은 대폭 줄어든다. 물론 진짜 예민한 사람이 맘에 들지 않거나 불만을 말하는 게 습관인 사람이라면 어쩔 수 없겠지만 말이다.

"특별히 신경쓴다고 사장님이 직접 전화로 공장에 주문 넣으시면서 부탁하셨습니다"라고 말할 때도 있는데, 안경 맞춤은 모두 공장에 넣어서 나온다. '수제쿠키'라는 말과 같은 경우라 할 수 있다. 쿠키는 어차피 사람이 일일이 반죽을 짜서 만드는 수제 작업이다. 아직까지는 로봇이 처음부터 끝까지 쿠키를 만들지는 않을 것이다. 장사에서 센스란 이럴 때 필요한 것이다.

고객의 마음을 얻는 법 ① 관계 만들기

고객의 마음을 만족시키려면 사장의 마인드가 명확해야 한다. 아무리 고수라도 모든 고객을 만족시킬 수는 없지만 사장의 마인드에 동의하는 고객들이라면 모두 자연스럽게 단골이 될 것이다. 오래 장사할 수 있으려면 마음이 맞는 단골을 형성해야 한다. 나와 같이 동행할 수 있는 고객을 많이 만드는 것이 사장이 해야 할 몫이다. 내가 30년 이상 장사를 지속하고 있는 비결도 사장으로서의 역할을 잘 알고 실행해왔기 때문이다.

일관성 있게 예스 화법을 구사하면 손님들도 긍정적으로 바뀌는데, 그 상태에서 나와 유사성을 찾아가는 것도 좋은 방법이다. 본격적으로 관계를 형성하기 위한 시도로서 대화 중에 공통점을 찾는 것이다. 학교일 수도 있고 지역일 수도 있고 취미일 수도 있다. 어떠한 것도 관계의 시작이 될 수 있다.

대구는 국산 안경의 85%를 생산하는 안경산업의 중심지라서 유명한 안경원도 많은데, 나는 대구에서 안양으로 올라와서 장사를 할 때 그 덕을 많이 봤다. “저도 대구 출신입니다” 하면 “오~” 하면서 지연이 엮이고 동질감이 생기면서 도와주고 싶은 마음이 생긴다. 연고지는 경상도로 넓히면 대전 밑으로 부산까지 다 포함되니까 공통점을 찾을 가능성이 더 넓어진다.

지연으로 찾을 게 없으면 학연도 있는데 그것도 없다면 심지어 혈연으로 엮을 수도 있다. 손 씨 손님이 오면 “어디 손 씨세요?”라고 질문 한 마디를 한다. 경주와 밀양 두 군데가 있지만 본관이 같은지 다른지는 그 질문 한 마디로 더 이상 중요하지 않게 된다. 일단 손 씨라는 걸로도 충분히 엮일 수 있다. 젊은 손님의 경우에는 어느 아이돌 가수를 덕질했는지 가지고도 공통점을 찾을 수 있다.

'이 집 사장은 손 씨야', '이 집 사장은 전라도 사람이야', '이 집 사장은 아이가 셋이야'라는 것만으로도 관계 형성을 할 수 있다. 그걸로 단골이 될 확률은 훨씬 높아질 수 있다. 고객과 나의 교집합을 어떤 것이든 찾아야 한다. 찾으려고 마음먹으면 어떤 것이든 나오게 마련이다. 딸 하나 키우는 것도 공감이 될 수 있고 군대 가는 아들이 있을 수도 있다. 동네에 같은 학교를 다니는 아이가 있을 수도 있다. 취미도 훌륭한 공통점 찾기가 된다. 손님이 운동한다고 하면 나도 운동한다고 하면서 "어떤 운동하세요?"라는 질문을 할 수도 있다. "축구해? 아저씨 아들도 축구하는데, 힘들지?" 하면 학생과도 교집합을 만들 수 있다. 이런 것이 판매자가 꼭 해야 할 일이다.

고객의 마음을 얻는 법 ② 기브 앤 테이크

안경원에 오는 고객들은 세 가지 기준에서 만족을 주면 된다. 가격 니즈가 있는 사람은 가격을 맞춰주면 되고, 전문성을 원하는 사람은 전문성에 맞춰 품질을 높여주면 되고, 가까워서 오는 사람은 편의성에 맞게 굳이 가격은 신경쓰지 않아도 된다. **사장이 해야 할 일은 고객이 원하는 게 무엇인지 알아차리는 것이고, 도수만 맞추는 게 아니라 만족도 맞춤으로 해주면 단골 확보는 수월해진다.**

관계 형성에 이어 고객의 마음을 얻기 위해 중요한 또 한 가지 방법은 상호성의 원리를 이용하는 것이다. 좀 다르게 말하면 기브 앤 테이크다. 팔아준 손님에게 뭔가를 '주는 것'이다. 작은 선물이라든지 샘플이라든지 뭔가 챙겨줄 수 있는 걸 개발해야 한다. 사람은 뭔가 받으면 고마워하게 마련이다. 다른 데에서는 여지껏 받아본 적이 없는 걸 챙겨주면 특별한 대우를 받는 느낌이 든다.

나는 우리 매장에 오는 첫구매 고객들에게 3가지가 들어 있는 기프트 세트를 준비한다. 안에는 안경 닦는 알콜 솜, 스프레이, 안경 코 나사를 조이는 공구가 들어 있다. 그리고 거기에는 "첫방문 해주셔서 감사합니다"라는 문구가 박혀 있다. 이걸 구매하고 나가는 손님에게 준다. 소비자가격으로는 1만 원 정도 되는데, 품질이나 전문성이나 가격 면에서 이미 만족한 고객에게 확실한 마무리 사격이 된다. 이러면 일회성 방문 고객이었을 사람도 '다시 와야겠다'는 생각이 든다.

요즘은 세상이 많이 각박해져서 그런지 이런 걸 아까워서 잘 안 준다. 안경 케이스, 안경닦이도 잘 안 주는 사장이 많다. 그럴수록 나는 반대로 간다. '당신들은 그러세요? 나는 더 줄 겁니다' 하는 것이다. 첫방문한 고객이 이런 걸 받으면 '이 집은 좀 다르네' 하고 느끼게 된다. 작지만 이런 마음씀씀이는 사장의 마인드가 어떤지에 따라 달라진다. 이런 방법들을 장사하는 사장은 자꾸 개발해야 한다.

질문으로 상황을 장악하는 법

고객은 의심이 많고 궁금한 게 많아서 그것을 판매자에게 질문으로 던지게 마련이다. 그런데 거기에 대해 계속 답변을 하다 보면 주도권을 빼앗기고 모든 페이스가 고객에게 넘어간다. 나의 페이스를 가지고 대화를 이끌어가려면 그런 질문에 일일이 답을 하면 안 된다. 고객이 묻는 말에 성심성의껏 답변을 다 해줘야 하는 것이 친절의 전부는 아니다. 그러다 보면 응대 시간은 길어지고 그 시간 동안 나는 언제까지나 을로 머물기 때문에 판매로 이어지기는커녕 하고 싶은 말도 못하게 된다.

이럴 때는 대화의 주제를 빨리 바꿔야 된다. 질문은 흘려보내고 내가 하고 싶은 말을 던져서 질문하는 사람이 내가 돼야 한다. 식당에 들어온 고객은 '이 집 맛있을까?'가 가장 궁금하지만,

일반적으로 고객이 가장 예민한 건 가격이다. 흥정이 있는 장사에서는 '이 집 혹시 비싸지 않을까? 얼마나 할까?' 하는 게 가장 궁금하다. 그래서 첫 번째 묻는 질문은 "이런 거 얼마 해요?"이다. 대부분은 고객이 질문을 했으니까 답변을 해주려고 할 것이다. "천차만별입니다. 1만 원부터 10만 원까지 있습니다." 이런 식으로 어떻게든 가격을 이야기할 것이다.

나의 경우에는 절대 가격을 먼저 말하지 않고 대화를 바꾼다. "지금 끼고 계신 건 어디 걸로 하셨어요?" 고객이 끼고 있는 안경을 보면 렌즈가 어느 회사 제품인지 대략 80~90%는 알 수 있지만, 모르는 척하고 역으로 질문을 던진다. 간혹 자신이 낀 안경에 대해 어느 회사의 어떤 렌즈이고 안경테인지 아주 정확하게 아는 사람도 있어서, 내가 봐도 '대단하다' 할 정도다. 그러나 10명 중 대략 8명은 기억이 안 나서 잘 모르거나 헷갈려 하기 때문에 그 순간 대화의 주도권이 질문을 한 나에게로 넘어온다. 고객이 자신에 대한 정보를 주지 못했기 때문에 대화 주제를 바꾸기가 쉽다. 그때부터 고객이 어떤 만족을 원하는지 묻고, "검사 먼저 해보고 종류가 많으니까 제가 잘해드릴게요" 하고 넘어간다.

별 영양가 없는 질문에 일일이 답변을 다 해주는 것이 친절은 아니다. 빨리 내 페이스로 바꿔야 응대 시간을 질질 끌지 않으면서 고객이 원하는 부분을 찾을 수 있다. 친절의 궁극적인 목표는 그 사람을 기분 좋게 해주려는 것보다 그 사람이 원하는 가격에 최상의 상품과 서비스를 제공해주는 것이다.

그렇지 않고 고객이 이미 정해놓은 기준에 맞춰 판매자가 말을 해주지 않으면 나가버리는 경우가 많다. 여지껏 5만 원대를 썼는데 7만 원이라고 하면 가버리는 것이다. 그동안 10만 원대를 썼는데 7만 원이라고 하면 또 비싼 건 못 팔고 헤매게 된다. 내가 주도하지 못하면 손님을 놓칠 수도 있고 매출을 높이지 못할 수 있다. 홍정이 있는 장사는 그래서 어렵다.

설명은 핵심만 말해도 충분하다

고객과 대화의 물꼬가 잘 트이고 제품을 설명할 때는 3가지 방식이 있다. 첫째 설명형이다. 일일이 설명을 해주고 고객이 선택하는 방식이다. **둘째 권유형이다.** 고객과 상담을 해보고 "이런 게 좋겠습니다. 하시겠어요?"라고 권하는 것이다. **셋째 지시형이다.** 써보니까 이게 좋다며 "무조건 이거죠. 이거 쓰세요"라고 푸시하는 것이다. 특히 의료 관련 업종에서 상담하는 장사에서는 "이거 써야 돼" 하는 경우가 있다. 공부 많이 한 전문가가 하라고 하니까 고객은 별말 없이 선택하기도 하지만, 잘못하면 강매처럼 될 수가 있다.

장사의 고수들은 이 세 가지를 잘 활용한다. 특히 오픈하고 초창기일 때는 권유형, 지시형을 쓰면 안 된다. 첫방문이 많은 경우 설명하고 선택하는 방식으로 가는 것이 클레임을 줄이는 방법이다. 간혹 고객들이 결정장애가 있는 경우에는 설명을 하면 싫어하는 경우도 있다. "좀 권해줘" 하는 사람도 있는데, 그럴 때는 어쩔 수 없이 설명하고 권유하는 방식으로 응용하면 된다.

매장에 따라서는 권유형과 지시형은 매출로 쉽게 이어지다 보니까 설명형 방식으로는 잘 안 하려고 하는 곳도 있다. 설명형은 고객의 의지대로 매출이 나오기 때문에 단가가 낮을 수도 있다. 그러나 권유형이나 지시형은 판매자의 지식만 들어가는 것이 아니라 욕심도 들어간다. 그 욕심은 곧 클레임으로 이어지기 십상이다. 재방문이 뒤따라오기에는 설명하고 선택하는 방식이 무리가 없다. 지금의 매출은 조금 타격받을지 모르겠지만 장기적으로 봤을 때 오래 가는 장사를 지속할 수 있다.

다만 설명을 할 때 장황한 방식은 지양하는 것이 좋다. 정보가 많을 때 고객의 선택은 느려진다. 요새 웬만한 사람들은 어느 정도 검색을 하고 구매에 나서지만, 사람마다 달라서 그래도 모르는 사람도 간혹 있다. 손님을 빨리 파악해서 오래 공을 들여 응대할 것인지, 빨리 진행할 것인지 잘 판단해야 한다. 의심이 많은 사람은 알면서도 계속 질문하고 확인하는 경우가 있다. 질문을 던졌을 때 판매자가 뭐라고 답하는지 보면서 판단하는 것이다. 자신한테 사기 치지는 않는지, 알고 파는지 모르고 파는지 테스트하는 사람도 있다. 그럴 때 말 한 번 잘못했다가 응대 시간이 길어질 수 있다. 그래서 될 수 있는 한 설명은 쉬운 말로 핵심만 짧게 해야 된다. 그것이 고수들이 중요시하는 대화의 법칙이다.

대치동 스타 강사들도 설명을 길게 하지 않는다. 시험에 뭐가 나올지 아니까 핵심만 족집게로 짚어준다. 설명이 길어지면 고객들도 싫어한다. 가장 부족한 게 뭔지 파악해서 그것만 딱 짚어주는 것이 고수다. 그러려면 역시 고객이 원하는 걸 빨리 파악해야 한다. 가장 만족스러운 걸 딱 짚어주면 설명이 짧은데 그걸 못하니까 설명이 길어지고 고객은 선택할 때 기준을 못 잡고 헷갈린다.

"안 됩니다"는 안 된다

언젠가 소개를 받아서 직원들과 함께 CS교육을 받은 적이 있다. 고객 만족도(Customer Satisfaction)를 높이기 위한 교육으로 미소, 표정, 자세, 매너 등을 포함해서 친절해 보이는 행동을 실습했다. 그런데 교육하고 있는 도중에 현실성과 좀 동떨어져 있는 게 아닌가 싶어서 선생님께 제안을 했다. "그러지 마시고 같이 한번 해보세요"라고 했는데, '허리 각도를 유지하고 눈은 5도로 깔고 있고' 등의 원칙을 지키는 게 왠지 비효율적으로 보였기 때문이다. 매장에서는 하루 종일 서 있기 때문에 몸에 무리가 가는데 교육 내용을 따라 매일 그런 자세를 유지한다는 건 불가능하다.

장사의 현장에서는 다리 아파 죽겠는데 미소가 자연스럽게 나올 수 없다. 아무리 CS교육을 반복해도 안 되는 이유는 사람이 기계처럼 할 수는 없기 때문이다. 다리는 퉁퉁 붓고 점심 먹고 나면 지쳐 있는데 허리 각도, 시선을 유지한다는 건 비현실적이다. 물론 CS교육을 받으니까 기본적인 개념 정리가 돼서 발전에 도움이 된 건 맞다. 그런데 두 번 들으라고 하면 못하겠다는 생각을 했다. 그날 선생님도 직접 해보고는 진을 빼고 질려버렸다. 비행기 승무원은 장거리 하루 뛰고 나면 하루 쉬니까 가능할지 몰라도 장사하는 매장에서는 그걸 매일매일 해야 된다. 그래서 나는 **장사하는 사람이 가장 먼저 갖춰야 할 것은 체력이라고 말하곤 한다.**

장사는 피나는 노력이 필요하며 참 힘들다는 걸 기본적으로 알았으면 한다. 아침부터 저녁까지 힘들게 일하는 걸 존중받아야 하는데, 사농공상(士農工商)으로 직업의 존비귀천을 구분했던 사고 습성이 아직 남아 있는 건지 사기꾼처럼 돈을 거저 버는 걸로 인식하는 것이 안타깝다. 문화가 바뀌어서 장사하는 사람이 존중받는 사회가 되면 좋겠다. 음식을 맛있게 해주는 식당 사장이 없으면 우리는 아무리 지쳐도 맨날 집에서 밥을 해먹어야 한다. 좋은 밥집, 좋은 옷가게, 좋은 안경원 등이 있어줘야 내 삶의 질이 좋아진다. 좋은 단골가게를 갖고 있으면 자신의 질 좋은 삶을 위해 참 좋은 정보가 된다.

그만큼 상인들도 고객들에게 존중의 태도를 유지해야 한다.

조심할 것은 어린아이들이나 나보다 어린 사람에게도 한결같이 존중의 자세를 가져야 한다는 점이다. 장사를 하면 어른들에게는 하대를 하는 경우가 없다. 그런데 중고등학생이나 어린아이에게 무심코 낮은 말을 쓰는 경우가 있을 수 있다. 매장에서 가장 조심해야 할 점은 어른이나 어린이나 모두 소비자로 대해줘야 한다는 것이다. 어리다고 막 대하면 안 된다. 딱히 클레임을 걸지 않을 수도 있지만, 다시는 방문하지 않을 것이다. '저 집에 가면 너무 나를 어린애 취급한다'는 생각이 들면 친구들끼리도 그걸 공유한다.

부정어를 대체할 수 있는 임기응변

우리 안경원에서 블로그마케팅을 한 적이 있다. 안경원 후기를 블로그에 올리면 5천 원짜리 이마트 상품권을 주는 이벤트를 했다. 나는 직원들에게 일주일당 4장의 상품권을 주면서, 주말에는 바쁘니까 평일 주 4일 근무 중에 하루에 1장만 주라고 배정해주었다. 어느 날은 아들과 어머니가 안경을 맞추러 왔고 상품권 1장을 줬는데, 아들 블로그에도 엄마 블로그에도 올렸다면서 2장을 달라고 했다. 이때 우리 안경원에 들어온 지 3개월 정도 된 10년차 안경사가 있었는데, 그 직원이 보기에는 1건을 가지고 2장을 요구하니까 좀 얄미워 보인 것이다. 그래서 "안 돼요. 한 건에 1장만 됩니다"라고 말했다며 나한테 자랑하듯이 이야기를 전했다.

“그래 잘했다.” 일단 나는 칭찬을 해주었다. 그분들은 1장 더 받지 못한 후에 돌아가서 블로그 올린 것 중에 하나를 바로 삭제했다고 한다. 그분들 입장에서는 1장밖에 못 받았으니까 2개를 올릴 필요없다고 생각해서 충분히 그럴 수 있는 것이다. 나는 직원에게 중요한 원칙을 덧붙여 말해주었다. “그런데 나라면 그런 표현은 안 하겠다. ‘안 됩니다’라는 표현보다는 ‘일주일에 4장 나오는데 마지막 한 장 남은 거 드린 거예요. 죄송해요’라고 했으면 기분이 달랐을 거다. 네가 했던 표현은 고객 입장에서는 기분 나쁠 수도 있다. 내가 봤을 때 너 잘한 거 아닌 것 같다.”

거절의 표현을 하더라도 충분히 부정적인 분위기를 만들지 않고 넘어갈 수 있다. 고객 응대로 부정적 언어는 절대 쓰면 안 된다. “안 됩니다”, “없습니다” 같은 부정적인 표현은 하지 말라고 자주 말해주는데도 직원들 입에서는 자기도 모르게 그런 말이 튀어나온다. 블로그 고객은 표현만 달랐어도 최소한 “다음에 주세요” 하고 기분 나빠하지는 않았을 것이다. 그 5천 원 상품권은 사실 받아도 되고 안 받아도 될 것이다. 그저 기분 문제인데 소비자 입장에서는 빈정 상하는 상황이 됐다. 원칙을 일주일 4장으로 정해줬으니까 잘못했다고 나무랄 수는 없지만 융통성을 발휘하지 못했다는 점에서 아쉬운 일이었다.

고객이 원하는 것, 부탁하는 것에 대해 설사 노(No)의 결과가 보인다 해도 "알아보겠습니다", "찾아보겠습니다", "구해보겠습니다", "노력해보겠습니다"로 대체해서 말하면 된다. 그걸 임기응변으로 바꾸지 못하면 "안 됩니다", "없습니다"가 나온다. 부정어를 안 쓰는 것은 곧 존중의 멘트가 된다. 고객 만족을 원한다면 절대 부정적인 멘트는 쓰지 마라.

"이 정도만 사도 충분해요"

장사하면서 가장 핵심적으로 익혀야 할 설득의 방법은 '산꼭대기에서 내려오기'라는 것이다. **이것 하나만 잘 해도 고객을 안심시키고 마음을 움직이는 최고의 기술을 가진 사람이 된다.** 앞에서 판매자는 3가지 등급의 상품을 보여준다고 했는데, 처음부터 최고가 상품을 먼저 보여주고 점점 내려와서 현실적인 구매가에서 권유하는 것이다. "이렇게까지 비싼 거 안 하셔도 됩니다. 이 정도면 충분합니다." "나중에 아이들 크면 이걸로 하시죠." 이런 식으로 말하면 고객은 판매자가 자기 편이라고 인식한다.

고객은 쇼핑할 때 이제껏, 판매자라면 그들에게 유리한 비싼 걸 보여주고 장점을 말하며 그걸 추천한다고 생각해왔을 것이다. 그런 고객의 예상을 깨고 "안 해도 된다"라고 하면 **그동안**

경험한 것과 다른 경험이 되면서 나를 장사꾼으로 안 본다. 훨씬 마음이 편해지면서 '이 집은 믿어도 되겠다'는 이미지를 만든다. 이걸 못하는 사장은 마음을 얻지 못하고 계속 물건만 팔게 된다.

"이번에는 이 정도만 하셔도 충분한 것 같습니다." 이것은 현실적인 니즈에 다가가 구체화하는 기술이다. **"다음에 하셔도 됩니다." 이것이 재방문을 유도하는 애프터 전략이다. '다음에'라는 말에는 양심이 들어간다.** '이 사람은 내가 보던 장사꾼과는 다르네. 무조건 팔려고 하지 않네. 양심이 좀 있네'라고 생각하게 된다. 그 뒤로부터 우리 매장은 양심있는 집이라고 생각하고 무슨 말을 하든 웬만하면 믿는다. 결국 내가 눈앞에서 10만 원짜리를 팔기보다 5만 원짜리를 팔고 애프터를 기약하는 것인데, 롱런 전략에서는 이게 100% 성공 기법이다.

오늘 먹고살기 힘들어서 감언이설로 꼬셔서 더 비싼 걸 팔 수는 있다. 그러나 그 후가 없기 때문에 매출 곡선이 안 예쁘다. **내가 지향하는 매출 곡선은 소폭으로 왔다 갔다 할 수는 있지만, 상승 곡선을 그린다. 씨앗을 뿌려야 미래에 수확할 것이 있듯이 애프터 전략은 시간이 지날수록 신뢰도 얻고 상승을 탈 수 있는 좋은 기법이다.** 당장 말 몇 마디 더 하면 조금 더 벌 수 있는데 그걸 멈추기가 어렵지만, 그래도 무조건 이건 해야 된다.

'이 집에서 바가지 쓸 일은 없겠구나'

어느 여성이 안경원에 갔는데 남편이 먼저 안경을 맞추고 자신의 안경을 고르고 있었다. 남편은 책 볼 때 쓸 노안 안경을 하나 더 하고 싶다고 했는데, 안경원 사장은 세련된 안경테를 꺼내서 보여주었다. 이미 남편이 맞춘 안경의 금액이 상당했고 자신의 안경도 비슷한 금액일 것이었다. 그에 준하는 중고가의 안경이겠지 싶었는데 의외로 저가 안경이어서 놀랐다고 한다. "평상시에는 안 쓰니까 가벼운 걸로 하면서 디자인도 괜찮으니까 이거 정도면 충분할 겁니다" 하고 추천해주었다.

이때 이 여성은 '금액도 싸니까 나도 하나 할까?' 하고 마음에 들었을 것이다. 안경 렌즈를 압축해야 해서 처음 생각한 예산을 오버하긴 했는데 "나도 온 김에 이 안경 하나 하고 갈까?"라고 말했다. 그런데 사장이 딱 잘라 대답했다. "일단 남편 분이 먼저 이 안경을 써보신 후에 결정하세요. 사모님은 기존 안경으로도 커버가 되니까 6개월 후쯤에 와서 남편 분 적응하는 거 보고 하세요. 아직 노안 안경은 안 하셔도 되니까 오늘은 하지 마세요" 하는 것이다. 그 여성은 "다음에 하세요"라는 말에 '이 집은 양심적으로 장사하고 선을 잘 지키는구나' 하고 생각했다. '앞으로도 바가지 쓸 일은 없겠구나' 생각이 드니까 다음에 딸이 안경을 맞출 때도 거길 가게 됐다.

노안 안경의 금액이 쌌기 때문에 이 여성은 "하나 하세요"라고 했으면 맞췄을 것이다. 물론 그렇게 해도 되지만 **필요성으로는 어중간한 상태이니까 장사는 한 템포 쉰 것이다.** 이렇게 손님이 하고 싶다고 적극적이면 구매자는 판단하기 힘들 수 있다. 그러나 장사 잘하는 사람들은 이런 기법을 다 쓴다. 고수들은 지금 돈을 버는 것이나 6개월 뒤에 돈이 들어오는 것이나 똑같다고 생각한다. 이렇게 하는 데 치고 장사가 안 되는 곳은 없다.

지금 5만 원을 덜 벌어도 언젠간 돈을 쓰게 돼 있다면 한 템포 쉬고 신뢰를 얻는 것이 더 현명하다. **장사하는 사람들에게 신뢰는 돈 주고도 못 사는 귀중한 것이다. 당장의 실리보다 고객의 신뢰를 얻어야 계속 그 매장이 잘 된다. 상담이 포함된 장사는 확실하게 이걸 잘 해야 한다.**

"모자라면 서비스로 드릴게요"

4명 정도의 사람이 음식점에 방문했을 때 서빙하는 점원에게 양이 충분한지 물어본 경험이 다들 있을 것이다. "대(大)자는 많으니까 중(中)자를 시키세요"라든가 "메뉴를 하나 빼고 일단 드셔보세요. 그리고 모자라면 더 시키세요"라고 말하면 일단 안심이 된다. 그러면 "넉넉히 먹을 테니까 다 주세요" 하는 경우도 있지만, 먹다가 꼭 추가로 시키게 된다. 이런 경험을 하고 나면 누굴 만나거나 모임을 할 때 재방문할 곳으로 그 음식점을 고려한다.

재방문을 했을 때는 점원과 얼굴을 익혔기 때문에 "저번에는 이거 드셨는데 이것도 한번 드셔보세요" 하는 추천을 받고 가격은 조금 더 나간다 해도 이상하게 만족도는 좋다. 나를 위해서 추천해준 걸로 인지되기 때문이다. 이런 점을 직원에게 확실히 교육시킨다면 매장의 이미지를 만들어갈 수 있다. 비싼 것, 많은 것을 시키든지 말든지 놔두고 있으면서 '손님이 주문했잖아요' 하는 태도로 있으면 곤란하다. 특히나 세심하게 컨트롤해야 하는 신규 고객에게는 꼭 지켜야 하는 원칙이다.

장사의 고수들은 손님이 양이 모자랄 것 같으면 차라리 서비스를 더 준다. 그러면 감동이 배로 늘어난다. 충분하다고 했는데 고객이 먹다가 모자라다고 하면 "그래요? 그러면 서비스로 좀 더 드릴게요" 하고 공짜로 주면 고객은 놀람과 동시에 고마워하면서 미안해진다. 조그마한 디저트를 서비스로 주는 것도 괜찮다. 사장이 상주하는 매장은 이럴 때 진가를 발휘한다. 사장이 있으면 언제든 추가로 서비스를 줄 수 있다.

장사를 잘하는 집은 표시가 난다. 맛있어서 잘 되는 집이 있고 사장의 장사 기법이 좋아서 잘 되는 집이 있다. 물론 둘 다 갖춘 집도 있는데, 이걸 모르면 음식점은 맛만 있으면 되는 줄 안다. 그렇지만 장사는 사람의 심리를 잘 파악해야 한다. 어떤 걸 했을 때 고객이 좋아하는지 잘 간파해야 재방문을 유도할 수 있다.

안경원의 회전율은 음식점의 회전율과 천지 차이다. 1년, 2년이 아니라 5년 쓰고 오는 사람도 있다. 반면 밥은 매일 먹는 것이고, 음식점은 오늘 맛있으면 내일 또 올 수 있다. 이 집이 진짜 좋으면 내일 접대할 일이 있을 때 다른 사람까지 데려온다. 맛있고 기분 좋은 검증된 곳을 찾는 것이다. 아마도 그래서 음식점이 돈 벌기가 가장 좋다는 생각이 드니까 '장사' 하면 '음식점'을 떠올리게 되지 않았을까.

매출과 신뢰 사이, 고객과의 밀당

그렇다고 모든 고객을 "다음에 하세요" 전략으로 대하면 장사가 유지가 안 된다. 먹고살려고 하는 것이 장사인데 만날 "다음에 하세요" 하면 매출이 안 오른다. 그 비율을 적당한 선에서 맞춰야 하는데, 이것도 사장이 꼭 해야 할 일이다.

장사는 항상 두 마리 토끼를 잡아야 하기 때문에 어렵다. 오늘은 오후로 넘어갔는데도 매출이 적은 상황이라면 마음을 바꿔야 한다. 만약에 직원이 계속 "다음에 하세요"를 한다면 그는 능력 없는 사람으로 찍힐 것이다. "다음에 하세요"는 하나의 기법일 뿐이다. 이 손님은 욕심을 내서 매출을 당겨도 되는 손님인지 잘 알아차려야 한다. 잘하는 직원은 그 강약을 조절한다. 고객만족도 시키고 애프터도 확보하고 매출도 올리는 것이다.

내가 욕심을 내서 고객에게 매출을 냈으면 다음의 재방문을 위해서는 다른 기법이 있어야 한다. 내가 할 수 있는 범위에서 최대한의 서비스를 제공하는 것이다. 비금전적인 것으로도 나만의 서비스를 할 수 있는 방법을 찾으면 된다. 다른 사람에게 15분 투자할 것을 이 사람에게는 30분 투자하면서 '나한테 진짜 친절하게 해주네' 하고 느낄 수 있을 정도의 서비스를 줘야 한다. 예를 들면, 나갈 때 90도로 인사를 하는데 좀 오버를 해도 괜찮다. 아니면 설명을 더 자세히 해준다는지 사은품을 한 개 더 준다든지 여러 가지로 공을 들여야 한다. 그래야 돈은 많이 지불했어도 더 많은 서비스를 받았기 때문에 이탈할 확률이 적다. 한마디로 돈을 쓴 값을 얹어주면 된다. 무턱대고 많이 파는 게 아니라 그만큼 정서적인 서비스를 더 주라는 것이다.

장사에서 기술을 연마하는 것은 기본적으로 당연히 필요한 조건일 뿐이다. 사장의 머릿속에는 신뢰를 얻기 위한 고객 만족도 있어야 하고 매출도 있어야 한다. 그 방법을 계속 연구하고 만들어가야 한다.

반 박자 빠르게 고객을 읽어라

우리 안경원에서 일하다가 독립해서 매장을 새로 오픈한 새내기 사장이 있다. 그는 "사장님 밑에서 기술도 배웠지만 꼭 필요한 걸 배운 게 하나 있다"고 말했다. 손님이 한 번 오고 나면 다음에 올 때는 마니아가 돼 있는 걸 봤다며, 옆에서 3년간 지켜보면서 그 비법이 궁금했다고 한다. 그 비법으로 그는 '말은 많이 안 하지만 항상 반 박자 빠르다'는 점을 캐치했다고 했다. **손님이 어떤 것에 예민한지 잘 파악해서 그 사람이 뭘 원하는지 알고 반 박자 먼저 움직인단다.** 이런 센스를 발휘할 수 없는 사람은 상대와 상관없이 자기 할 말만 한다.

한 모녀가 안경원을 방문했다. 딸은 도수가 안 맞는다고 했고 엄마는 돋보기를 맞추러 왔다. 특히 엄마는 멀리 볼 수 있는 것과 돋보기를 둘 다 원했는데, "우리 딸은 우리 집 앞에도 안경원이 많은데 맨날 여기로 오자고 한다"고 말했다. 재방문임을 어필하는 것으로 이해하고 나는 돋보기를 서비스로 드린다고 했다. 그랬더니 멀리 보는 안경은 더 좋은 걸로 맞추겠다고 한다. **단골임을 어필하는 고객에게 서비스로 응답했더니 또 다른 매출 상승으로 이어진 것이다. 이런 순간적인 감각과 빠른 대처가 사장에게는 필요하다.**

여기에 더해 확신을 주는 클로징 멘트를 해주면 구매 만족도는 최고로 극대화된다. 안경이 흘러내리거나 안경 하부가 볼에 닿거나 귀가 조여서 아프거나 하면 착용감이 불편하다. 이런 것들을 해소하기 위해서 눈의 위치와 얼굴 형상에 맞게 안경을 조정하는데, 이러한 고도의 손기술을 '피팅'이라고 한다. 우리 안경원에서 안경을 맞추고 마지막에 피팅은 거의 내가 맡아서 하고 있다. 이때 내가 피팅만 해주는 건 아니다. "잘 샀다", "진짜 어울린다"라는 말을 꼭 한마디 해준다. 고객의 구매 포인트가 되는 지점을 한번 짚어주면 고객은 기분이 좋아진다. 이로써 자신에게 잘 어울리는 안경을 적절한 가격에 잘 샀다는 기분이 들면서 구매 만족도가 높아진다. **물건을 잘 샀다는 한 마디는 꼭 던져야 하는 핵심 클로징 멘트다.**

잘 샀다는 믿음을 주는 멘트를 해주면 고객은 한 번 더 확신을 가진다. '당신은 어떤 혜택을 누렸다'라는 점을 간접적으로 짚어주는데, 안경을 보면 저마다 특징이 있어서 손님이 왜 골랐는지 대충 보면 알 수 있다. 그 점을 이야기하면서 '참 잘 어울린다'는 멘트를 하나 꼭 던진다. "저번 주에 들어온 신상품인데 선택 잘 하셨네요" 하면 손님은 좋아한다. 학생 손님의 경우에도 "이야, 너 오늘 진짜 멋쟁이 안경 했다"라고 말하면 입이 찢어지도록 미소가 퍼지는 걸 많이 볼 수 있다. 그것만으로도 그 매장에서의 쇼핑 만족감이 최대치가 된다. 직원들에게도 이걸 교육하고 실행하면 성과가 올라간다.

고객의 고민을 빨리 알아차려라

3년 전에 우리 안경원에 두 번 정도 방문한 적이 있었던 60대 초반의 남성이었다. 고객은 87만 원 가격표가 붙어 있는 포르셰 안경테를 마음에 들어했다. 2층에 있는 나에게 직원이 안경테를 들고 왔는데 "얼마까지 해줄 수 있는지 물어봐달라"는 것이 손님의 요청이었다. "자주 오시니까 80만 원에 해드려라" 한 다음에 1층 매장으로 내려갔는데, 손님은 독일제 자이스 렌즈로 된 안경을 쓰고 있었다. 이미 쓰고 있는 안경도 비싼 것이었는데 새로 맞춘 것도 렌즈까지 바꾸니까 견적이 122만 원 정도 나왔다.

이때 찰나였지만 손님이 고민하고 있는 것이 보였다. 순간적으로 결정 타이밍을 느끼고 "110만 원에 해드려라"고 했다. 고민하다가 판매가 안 될 수도 있다는 걸 직감한 것이다. 이럴 때는 수익이 덜 나더라도 파는 게 낫다는 판단이었다. 손님이 가고 나서 12년차 직원이 와서 내게 이런 말을 했다. "제가 오늘도 배웠습니다. 대표님은 반 박자 빠르구나, 하는 걸 느꼈습니다. 이런 건 처음 봤습니다." **고객이 주저하고 있는 걸 알아차리는 능력, 고객의 입을 통해 요구사항을 듣기 전에 먼저 제안해버리는 것이 놀랍다는 것이다.** 우수리 2만 원을 떼는 정도가 아니라 아예 110만 원을 불러버리면, 많이 깎으면 115만 원 정도 생각했던 고객 입장에서는 아쉬운 소리 없이 바로 구매를 결정하게 된다.

이럴 때 고객에게 좀 더 확실한 어필을 하기 위해 나는 직원을 활용한다. 직원에게 계산기를 갖고 오라고 한 뒤에 "네가 두드려봐. 얼마 나왔어?" 하고 묻는다. "122만 원이요" 하는 직원에게 나는 계산기를 만지지도 않고 가격 할인을 지시한다. 이러면 직원은 못해주는 걸 사장이 '특별히' 해주는 것이 된다. 일종의 판매 퍼포먼스다. 막무가내 고객들이 가끔 있어서 정상적인 대화가 안 통하는 경우도 있긴 하지만, 그럴수록 그 매장 안에서는 모든 게 사장 마음대로라는 걸 보여주는 효과가 있다. 그래서 장사는 종합예술이며, 보이지 않는 순간 포착력이 있어야 한다.

고객의 흔한 불만을 없애는 임기응변

어느날 후배 안경사에게 전화가 왔다. 내용인즉, 후배 안경원 근처 다른 안경원이 점포정리 행사를 한다는 내용이었다. 손님이 그쪽 매장에 갔다 오거나 본인 매장을 쳐다보고는 그냥 가는 손님들이 있자, 후배는 나에게 물었다. "그것 때문에 그냥 보낸 손님도 있고 한데 저희도 행사를 해야 할까요?"

경쟁 매장이 점포정리를 한다고 문자도 보내고 현수막도 걸어놓고 할인 행사를 한다고 해도 무턱대고 따라갈 일은 아니라는 생각을 했다. "하지 말자. 거기는 마지막인데 먹고살 게 놔둬야지. 그걸 따라가면 욕먹을 일이지. 일단은 속쓰리더라도 좀 참아."

고객 입장에서 할인 행사를 하는 안경원과 자꾸 비교를 하게 되는 것은 어쩔 수 없는 마음의 작용이다. 그렇다면 비싼 물건을 사게 될까 봐 불안해하는 고객을 어떻게 가라앉힐 수 있을까. 우리는 이런 멘트를 준비했다. "고객님, 점포 정리하는 매장 물건은 끝물입니다. 좋은 물건이 있을까요? 그리고 안경은 서비스를 받아야 되는데 점포정리 물건을 사면 서비스는 어떻게 받으시려고요?" 이 하나의 멘트는 손님의 발걸음을 다시 돌리는 계기가 되었다.

손님들도 경쟁 매장이 할인 행사를 하면 이 집에서도 싸게 해주기를 기대한다. 그런데 점포 정리를 한다는 건 몇 년 된 재고를 판다는 의미이고, 혹시라도 그 속에서 괜찮은 물건을 건졌다고 해도 안경에 문제가 생겼을 때 언제든 수정할 수 있다는 전제하에 가격도 의미가 있는 것이다. 이 점을 인지한 손님은 점포 정리하는 그 집으로 발길을 옮겼다 해도 유심히 볼 것이다. 찝찝하면 안 사고 다시 올 수도 있고, 그래도 그곳에서 구매를 하겠다고 하면 그건 어쩔 수 없는 일이다.

문제의 이면에는 긍정적인 원인이 있다

안경은 수작업으로 조제가 이루어지다 보니까 어쩔 수 없이 발생하는 티가 있는 경우가 생긴다. 예를 들면, 어린아이 고도 원시렌즈가 주문이 들어올 때가 그렇다. 원시렌즈는 볼록렌즈라서 기본적으로 두껍다. 그 두꺼운 걸 아이들이 끼면 보기 싫어서 될 수 있는 대로 얇게 하려는 것이 보통이다. 그런데 얇게 하다 보면 코팅하면서 렌즈 가장자리가 코팅이 우는 현상이 발생할 수 있다. 반듯하지 않고 우는 현상이 있어서 보기 싫어 없애려면 크기를 좀 크게 해야 한다. 그러면 문제는 두껍게 보인다는 것이다. 얇게 하자니 우글쭈글한 걸 봐야 하고 이게 없게 하자니 두께가 두꺼워지는 것이 제조사들마다 고민하는 부분이다.

직원이 이 점에 대해 고민을 하고 있어서 이렇게 말해주었다. 당연히 눈 초점을 정확하게 작업하고 테두리가 들어가면 손님에게 말을 잘 하면 된다. "아이 안경을 특별히 얇게 특수가공하다 보면 테두리가 생깁니다." 안경렌즈 조제의 특성상 어쩔 수 없이 들어가는 그 부분을 긍정의 의미를 담아 돌려서 말하면 고객이 듣기에는 기분이 다르다.

우는 현상이 보이면 그만큼 얇게 하려고 한 것이기 때문에 그 점을 먼저 이야기하면 된다. 가장자리에 우는 게 좀 보인다고 해도 시야로 사용되지 않기 때문에 착용하는 데 문제될 건 없다. 눈에 해롭거나 한 게 아니고 아이에게 얇고 가볍게 해주기 위한 것에 대한 결과이므로 뜻한 대로 됐다는 증거가 된다. 그걸 얘기했는데도 부모님이 싫어하면 그때는 두껍더라도 우는 게 보이지 않는 걸 바꿔주면 된다. 그러나 이제껏 그렇게 말했을 때 싫다고 한 사람은 아직 한 명도 없었다. 오히려 "신경써줬네" 하는 상황이 되기 때문이다.

3가지 선입견에 대처하는 법

안경을 팔다 보면 자주 접하는 사람들의 선입견이 있다. 이 부분에 대해 우리 매장에서 대처하고 있는 방법에 대해 이야기해보려 한다. 참고해서 업종별로 각자에게 맞는 방법을 마련하기 바란다.

첫째, 손님들은 항상 "비싸다"고 한다. "안경은 마진이 많이 남는다더라" 또는 "주변에 안경공장을 하는 사람이 있는데 많이 남는다고 하더라" 이런 말들을 많이 한다. 이럴 때마다 "고객님, 아닙니다. 저희는 많이 남지 않습니다. 요즘은 많이 못 남깁니다"라고 말해봤자 아무도 안 믿는다. 대신에 나는 이렇게 말한다. "네, 고객님, 안경 많이 남습니다. 많이 남는데요, 그런데 많이 나갑니다. 남아야지 직원들 월급도 주고 월세도 주고 저도 식구 생활비도 주고. 그래야 안 되겠습니까?" 그러면 손님은 다른 소리는 못하고 "사장님, 그러면 서비스라도 많이 챙겨주세요"라고 한다. 이어서 "네 고객님, 서비스 더 챙겨 드릴께요"라고 응대하면 된다.

둘째, 안과에서 처방전을 받아서 오는 고객들의 상당수는 "의사가 비싼 안경렌즈 하지 말라고 했어요"라면서, 안경렌즈는 저렴한 걸로 해달라고 한다. 사실 안과와 안경원은 눈에 보이지 않는 갑을 관계가 존재하는데, 현실적으로 안과의사와 안경사는 전문적으로 다루는 것이 다르다. 안과에서 시력 검사를 하면 다를 것이라고 생각하기 쉬운데, 안과에서 하는 시력 검사는 주로 의사가 하는 게 아니라 고용된 안경사가 한다. 처방전을 주면서 싼 것만 해달라는 고객에게 나는 이렇게 말한다. "안과의사는 눈에 대해서 전문가이고, 안경렌즈에 대해서는 저희 안경사가 전문가입니다. 몸이 천 냥이면 눈은 구백 냥입니다. 안경렌즈는 눈인데 좋은 걸로 해야죠. 조금 전에도 손님이 다른 병원에서 처방전 받아오셨는데 안경렌즈는 좋은 거 해달라고 하셔서 좋은 거 맞춰 가셨어요."

"안경렌즈 다 똑같으니까 싼 걸로 하라"고 말하는 안과의사 선생님이 간혹 있는데, 안과의사가 공부한 적도 없는 안경렌즈에 대해서 알 리는 없다. 그 점을 상기시켜 주면 판단은 고객이 하면 된다.

셋째, 안경렌즈 색상 때문에 클레임이 걸리는 경우가 있다. 안경렌즈는 도수와 굴절률의 특성상 샘플의 색상과 완성된 렌즈가 색상이 다른 경우가 많고, 견본을 보낸다 해도 똑같이 안 나온다. 그래서 손님에게 완성된 렌즈를 작업 전에 보여주고 허락을 받고 작업을 하는 경우도 있다. 안경렌즈 색상은 손님이 머릿속으로 생각하는 농도와 실제 나오는 농도가 다를 수 있기 때문에 클레임이 걸릴 확률이 높다.

그럴 때 나는 손님이 눈동자가 보이기를 원하는지 안 보이기를 원하는지 물어보고 거기에 맞춰서 주문한다. 견본에 나오는 15%, 20% 색을 보여줘도 의미가 없다. 중요한 건 어째서 색상을 넣고 싶어하는지 손님의 마음을 읽는 것이다. 그리고 안경을 찾으러 왔을 때 먼저 손님에게 "고객님, 색상 진짜 이쁘게 잘 나왔네요"라고 선수 쳐서 말하면 된다. 그러면 대개는 "어, 그렇네요. 맞네, 맞네"라고 맞장구 친다. 긍정의 화법에서 갑자기 부정의 말로 바꾸기는 힘든 법이다.

말하지 않고도 구매 욕구를 높이는 법

고객을 설득하는 데는 말로 움직이는 것보다 오히려 비언어적 설득이 더 유용할 때가 있다. 옷가게의 경우 열 마디 설명보다 그저 보여주는 게 더 효과적이다. 판매자가 타깃층에 맞는 옷을 코디를 잘 해서 입고 있으면 "그거 입어볼 수 있어요?" "그건 얼마예요?" 하고 물어본다. 안경원은 판매자가 패셔너블한 걸 쓰거나 신상품을 일부러 쓰곤 한다. 직원이 안경 착용자가 아니라면 렌즈는 빼고 안경테만 쓰고 있으면 된다. 고객들에게는 '이 집에 있는 사장이나 직원들은 좋은 걸 쓰겠지', '저 사람들은 최신형을 쓰겠지' 하는 심리가 있다. 그런 심리를 잘 활용하면 매출을 높일 수 있다.

미용실에서 일하는 사람들은 오픈 전에 서로 머리를 해준다.

업종에 따라서 거기에 맞는 보여주기가 있어야 한다. 옷가게 사장은 본인이 파는 옷의 좋은 모델이 돼야 한다. 안경원 직원이 촌스럽고 올드한 안경을 쓰고 있으면 손님들은 그 집에서 구매를 꺼린다. 음식점은 밖에서 안이 투명하게 보여서 다른 사람들이 먹고 있는 걸 보면 식욕이 올라간다. 특히 패션에 관련된 것을 팔 때는 감각적인 상품을 판매자가 소지하거나 입고 있거나 착용하고 있어야 한다. 화장품, 향수, 시계, 액세서리, 미용, 헤어, 네일 등은 "나도 저거 하고 싶어"라는 말이 나와야 한다.

대화에서는 말의 내용도 중요하겠지만 비언어적인 태도도 중요하다. 경상도 사투리를 쓰는 나의 억양은 세보일 수 있는데 그건 못 고친다. 말의 톤은 반말만 아니면 문제삼는 사람이 거의 없다. 다만, 말끝이 흐려진다든가 하는 자신 없는 느낌을 주면 안 된다. 제일 중요한 건 표정관리이며, 마음이 드러나면 안 된다.

예를 들어서, 애먹이는 고객이 있어도 화가 안 난 표정이어야 한다. 이게 사실은 어렵긴 하다. 고객이 억지를 부리면 인상부터 달라질 수 있기 때문에 마음을 잘 다스려야 한다. 말의 톤은 강약에 따라서 전달력이 다르기 때문에 그걸 연습해보는 것도 좋다. 톤을 강하게 할 때와 약하게 할 때는 선별을 잘 해줘야 한다. 거절할 때는 간단 명료하게 톤을 높고 강하게 한다. 부드럽게 할 때는 약하게 하는 강약 조절 테크닉이 있어야 한다. 보통은 같은 톤으로 하는 사람이 있는데 그게 친절이라고 생각하기 때문이다. 그러나 꼭 그래야만 좋은 건 아니다.

누구든 언젠가는 구매력을 갖춘다

고객이 판매자에게 진상을 부릴 때도 있지만, 판매자가 고객을 차별할 때도 있다. 보통 고가를 파는 판매자는 타깃이 아니라고 생각하는 사람에게는 소홀히 하기 쉽다. 그런데 겉보기와 달리 의외의 사람들이 명품 같은 제품에 관심 있는 경우가 많다. 예를 들면, 시골에 살거나 못사는 사람들은 심리적으로 과시하고 싶은 욕심이 더 많다. 가진 게 없어도 좀 있는 사람처럼 보이고 싶어 하는 심리가 있다.

부자는 오히려 이미지에 신경을 안 쓰니까 "싼 걸로 해서 자주 바꾸면 되지"라고 할 수도 있다. 내 경험에 의하면 오히려 시골에 사는 사람들이 명품을 좋아할 확률은 더 높다. 좀 무리하더라도 구매하는 사람도 꽤 있다. 시골에서 비싼 게 팔리겠냐고 생각하는 사람도 있는데, 내가 못살아도 우리 아들딸한테는 좋은 걸 해주고 싶어 하는 욕구가 도시인보다 더 강한 사람들이 많다.

보통의 구매력을 가진 사람 중에도 "좋은 걸로 해서 오래 쓰지 뭐" 하는 사람도 많다. 남들에게 보이고 싶은 심리가 강한 사람들에게는 의외로 고가 판매가 잘 되는 경우가 나온다. 고객이 자신을 드러내거나 과시할 수 있는 제품, 서비스인 경우에 고객의 구매력이 겉모습과 일치하는 것만은 아니다. **구매력에 대해서는 고정관념을 가질 필요가 없다. 자신의 이미지 메이킹을 위해서 충분히 투자할 의사가 있는 고객들도 의외로 많다.**

보통 장사하는 사람들이 빠질 수 있는 오류가 '우리 동네는 수준이 낮아서', '부자들이 없어서'라는 핑계다. 그런데 환경적인 요인을 따질 필요는 없다. 그 점은 내가 만들어가기 나름이다. 어디든지 '못사는 동네'라고 부르더라도 부자는 있다. 노력하면 충분히 커버할 수 있으니까 동네 탓, 환경 탓은 안 하는 게 진짜 프로다.

우리 동네는 수준이 낮다면서 싼 것만 갖다놓는 사람들이 있다. 장기적으로 보면 그런 마인드는 피해야 한다. 싼 것만 구비하다 보면 그 매장은 계속 싼 매장이 되고 결국 싼 걸 사는 손님만 온다. 오늘 싼 걸 샀어도 언젠가는 돈이 생기는 날도 오니까 좋고 비싼 고가의 제품을 구비해놓던 사람은 매출을 올릴 기회를 가진다. 매장을 성장시키고 고급화시키려면 내 마인드를 바꿔야 한다.

실수를 줄이는 대화의 스킬

고객 응대는 사람과 사람이 대면하는 일이다. 그러다 보니 실수도 할 수 있고 생각하지 못한 클레임이 생길 수도 있다. 어떤 경우에는 뭘 잘못했는지도 모른 채 고객이 다시는 우리 매장에 안 올 수도 있다.

우리 안경원에서 대화 중에 가장 오류가 많이 생기는 건 전화번호다. 특수 렌즈를 했다든가 재고가 없는 안경테 색깔을 골라서 며칠 후에 찾아가야 한다면 고객의 전화번호를 받아야 한다. 이때 실수가 없도록 확인하는 방법은 고객이 하는 말을 반복하는 것이다. 이게 생활화되면 모든 부분에서 중간 점검을 할 수 있다. 상담하면서 두세 번 확인하지 않으면 오해의 소지가 생길 우려가 있다. 대화하면서 같은 단어를 쓰고 있지만 상대가 생각하는 것과 내가 생각하는 것이 다른 경우가 많다. 예를 들면, 고객이 생각하는 "싸다"와 내가 생각하는 "싸다"는 다른 금액일 수도 있다. 민감한 부분도 한 번 더 확인하는 게 안전한 조치다. 도수를 높여 달라고 했다면, "예, 도수 높여드릴게요"라고 상대의 말을 반복한다.

또는 "도수 높이면 어지럽습니다. 괜찮으시겠어요?" 이런 식으로 걱정되는 부분을 이야기할 수도 있다. 음식점이라면 고객이 "오이 빼고 김밥 두 줄 주세요" 했다면 "오이 빼면 맛이 없는데 괜찮으세요?" 이런 식으로 확인한다. 그걸 했을 때 파생되는 일까지 각인시켜주면 한 번 더 오차를 줄일 수 있다. 그렇지 않고 그냥 들리는 대로 이해한 대로 작업하다 보면 도수 높여줬더니 "어지러워요. 제가 언제 도수 높여 달라 그랬는데요" 하는 일도 실제로 발생한다. **이런 디브리핑(debriefing) 과정은 상대의 말을 경청했고 제대로 이해하고 있음을 알려주는 행동이기도 하다.**

고수는 추가 구매를 권하지 않는다

요즘은 고객들이 매장에 방문해도 호기심이 없다. 검색해서 다 알아보고 오기 때문에 대부분은 똑똑한 상태로 온다. 예전에는 판매자가 하는 말에 호기심을 보이면서 들었지만 요즘엔 그런 모습이 없다. 간혹 판매자보다 더 많이 알고 있는 사람도 있다. 그래서 특히나 요즘 들어 주의해야 할 사항이 있다.

키오스크가 생기기 전에 맥도날드에서 햄버거를 주문하고 나면 "감자튀김은 안 필요하세요?"라고 묻는 걸 들어봤을 것이다. 소비를 더 권하는 셈인데 그런 건 실상은 대기업에서나 가능한 일이다. 장사하는 매장에서 추가의 개념은 잘 생각해봐야 한다. 신규 고객에게는 특히 쓰면 안 되는 기법이다.

안경렌즈에는 밖에 외출하여 자외선을 쐬면 색깔이 변하는 '변색(조광렌즈)'이라는 옵션이 있다. 이런 옵션에 대해 권하고 싶다면 처음 상담할 때부터 중간에 점검하면서 물어봐야 한다. 구매를 다 확정해놓고 "변색 추가해드릴까요? 요즘 많이 하는데"라고 한다면 10만~15만 원 추가 비용이 두드러져서 선택을 안 하는 경우가 많다. 미리 점검하지 못했고 뒤늦게 옵션에 대한 의사가 궁금해졌다면 권하지 않는 게 정답이다. 신뢰가 이미 쌓여 있는 재방문 고객이라면 응용력을 발휘할 수 있겠지만, 신규 고객에게는 좋지 않다.

예전의 '장사 잘하는 사람'과 지금의 '장사 잘하는 사람'은 다르다. 안 살려고 하는 고객을 당겨서 과소비를 유도하는 장사꾼을 보면 예전에는 "저 사람 장사 잘 하네"라고 했다. 그러나 지금은 함부로 그런 기법을 쓰면 안 된다. 하나 사러 온 사람에게 두 개를 사라는 건 대기업에서나 할 수 있는 말이고, 장사하는 매장에서는 조심해야 한다. 특히 신규 고객일 때는 두 개를 팔고 신뢰를 잃어버릴 수 있다. 나는 직원들에게 끼워팔기 같은 건 최대한 절제하라고 교육한다. 오픈 초기에는 특히 더 자중해야 할 일이다. 다초점렌즈를 맞추러 온 사람에게 돋보기를 끼워팔라는 식을 권장하는 사람도 있지만, 그건 내 방식이 아니다. 내 주장은 **한 템포 쉬면서 장사를 롱런으로 끌고 가자는 것이다. 매출과 신뢰는 한 바구니에 담을 수 없다.** 절대적인 건 아니지만 확률적으로 분리된다.

"선글라스는 안 필요하세요?"라는 식으로 추가하는 걸 언변 좋게 잘하는 직원도 있는데 확률적으로는 다음에 하는 것이 맞다. 고객을 봐가면서 권해야 되는데 모든 고객에게 그렇게 하면 '맨날 비싼 거 팔라 그러네' 하는 거부반응이 심하다. 한 개 팔 걸 두 개 팔면 좋기야 하지만 나의 주도에 의해서가 아니라 고객의 욕구에 의해 자연스럽게 진행돼야 하는 사항이다.

욕심이 들어가면 클레임이 나온다

구매가 이미 확정됐는데 덤으로 끼워넣기를 하면 오해 아닌 오해가 생길 수 있다. 그런 건수가 있을 때는 제품 설명을 하는 중간에 자연스럽게 대화로 툭툭 던져봐야 한다. 중간에 이것저것 보여주다가 "선글라스는 갖고 계세요?" 이렇게 하면 묻어갈 수 있다. 보통 고객은 어느 정도 마음먹고 오는데, 판매자가 권유한다고 해서 추가 구매할 확률은 낮다. 잘못 시도하다가는 오히려 마이너스가 돼버리는 수가 많다. 그 집만 가면 자꾸 뭔가 더 권한다고 생각하게 만드는 건 최대한 줄여야 한다.

처음 방문한 고객은 그분이 원하는 것과 고객 만족까지만 확보하는 게 고수의 장사법이다. 매장에 들어올 때 고객이 예산으로 잡은 금액을 초과하게 만드는 사람은 매출을 급격히 높일지 모르지만 회전율이나 만족도에서는 떨어진다. 그 매장을 나와 집으로 돌아갔을 때 과잉구매, 충동구매를 했다는 생각이 들면 만족도는 확 떨어진다.

요즘 고객들은 똑똑하기 때문에 무조건 믿지 않는다. 그래서 절대로 내심에 있는 욕심을 들켜서는 안 된다. 한 개 더 팔고 권한다든지 과한 판매를 피하는 건 욕심을 안 들키는 비법이다. 욕심이 들어가면 클레임이 나오게 돼 있다. 욕심 없이 판매가 이뤄지면 클레임이 없는데, 욕심이 들어가면 클레임 확률이 높아진다. 그건 매장에 대한 신뢰도와 직결된다.

고객이 원하는 만큼만 파는 것이 장사하는 사람의 가장 큰 실력이다. 옛날에 장사했던 사람들은 많이 팔고 더 파는 게 실력이라고 생각해서 나쁜 습관으로 굳어진 경우도 있다. 지금의 시대에는 그게 부메랑으로 돌아와 매장의 목숨을 줄일 수 있다. 부담스러운 집은 가고 싶지 않아서 고객 이탈률이 늘어난다. 고객에게 매출을 얻으려고 하지 말고 일단 그 사람에게서 신뢰를 얻는 걸 목표로 해야 한다. 그 사람이 원하는 걸 최대한 맞춰주고 배려하면서 서로 만족해야 한다. 나도 좀 팔고 고객은 만족을 느끼는 게 테크닉이다. 판매자는 고객보다 전문가니까 어느 정도 욕심을 부리면 매출을 더 키울 수는 있다. 그러면 고객이 딸려오겠지만 재방문이나 신뢰도는 보장할 수 없다. 고객이 원하는 것까지만 맞춰주고 최대한 서비스를 하면 최고의 만족이 나온다. 그것이 소개와 입소문으로 이어질 수 있는 비법이다. 그야말로 돈 안 들이고 마케팅하는 법이다.

3분 요약 체크-Chapter.3 구매 결정력을 높이는 대화의 법칙

◎ 설명만 하는 사람, 마음을 여는 사람. 장사는 물건을 파는 게 아니라 사람의 마음을 읽는 것이다. 어떻게 하면 우리 매장에 오는 고객들이 좋아할까? 어떤 걸 주었을 때 고객들이 좋아할까를 지속적으로 연구하는 사장이 매출을 올린다. 고객의 욕심은 끝이 없고 계속 진화하기 때문에 그에 맞게 나도 계속 연구해야 한다. 장사의 어려움은 그 점에 있다. 그래서 사장이 지치면 장사를 오래 못하는 것이다

◎ 고객을 예스맨으로 만들어라. 단골 고객을 늘려가기 위해서는 사람들의 심리를 잘 읽어내 대화법에도 적용할 수 있어야 한다. 내가 직원 교육을 할 때 자주 이야기하는 것 중 하나는 고객을 예스맨으로 만들라는 것이다. 일명 긍정 화법이다. 질문을 던질 때 고객이 "예(Yes)"라고 할 만한 것을 유추해서 말하는 것이다.

◎ 질문으로 상황을 장악하는 법. 고객의 질문에 대해 계속 답변하다 보면 주도권을 빼앗기고 모든 페이스가 고객에게 넘어간다. 나의 페이스를 가지고 대화를 이끌어가려면 대화의 주제를 빨리 바꿔야 된다. 질문은 흘려보내고 내가 하고 싶은 말을 던져서 질문하는 사람이 내가 돼야 한다.

◎ "안 됩니다"는 안 된다. 고객이 원하는 것, 부탁하는 것에 대해 설사 노(No)의 결과가 보인다 해도 "알아보겠습니다", "찾아보겠습니다", "구해보겠습니다", "노력해보겠습니다"로 대체해서 말해야 한다. 부정어를 안 쓰는 것은 곧 존중의 멘트가 된다. 고객 만족을 원한다면 절대 부정적인 멘트는 쓰지 마라.

◎ **"이 정도만 사도 충분해요".** 장사에서 가장 핵심적 설득 방법은 '산꼭대기에서 내려오기'이다. 처음부터 최고가 상품을 먼저 보여주고 점점 내려와서 현실적인 구매가로 권유하는 것이다. "이렇게까지 비싼 거 안 하셔도 됩니다. 이걸로도 충분합니다.", "나중에 아이들 크면 이걸로 하시죠." 이렇게 말하면 고객은 판매자가 자기 편이라고 인식한다.

◎ **반 박자 빠르게 고객을 읽어라.** 고객을 단골로 만들려면 말은 많이 안 하지만 항상 반 박자 빨라야 한다. 손님이 어떤 것에 예민한지 잘 파악해서 뭘 원하는지 알고 반 박자 먼저 움직여야 한다. 이런 센스를 발휘할 수 없는 사람은 상대와 상관없이 자기 할 말만 한다. 순간적인 감각과 빠른 대처, 확신을 주는 클로징 멘트면 구매만족도는 극대화된다.

◎ **고객의 흔한 불만을 없애는 임기응변.** 장사를 하다 보면 자주 접하는 사람들의 선입견이 있다. 이 부분에 대해 업종별로 각자에게 맞는 방법을 마련해둬야 한다. 단 이때 공통적으로 염두에 둘 것은 긍정의 화법으로 대응해야 한다는 것이다.

◎ **말하지 않고도 구매 욕구를 높이는 법.** 고객을 설득하는 데는 말로 움직이는 것보다 오히려 비언어적 설득이 더 유용할 때가 있다. 고객들에게는 '이 집에 있는 사장이나 직원들은 좋은 걸 쓰겠지', '저 사람들은 최신형을 쓰겠지' 하는 심리가 있다. 그런 심리를 잘 활용하면 매출을 높일 수 있다.

◎ **실수를 줄이는 대화의 스킬.** 안 사려고 하는 고객을 부추겨서 과소비를 유도해서는 안 된다. 하나 사러 온 사람에게 두 개를 사라는 건 대기업에서나 할 수 있는 말이고, 장사하는 매장에서는 조심해야 한다. 특히 신규 고객일 때는 두 개를 팔고 신뢰를 잃어버릴 수 있다. 매출과 신뢰는 한 바구니에 담을 수 없다. 절대적인 건 아니지만 확률적으로 분리된다.

내가 심은 나무의 열매가
세상에서 가장 맛있다.

The fruit from the tree I planted
is the most delicious in the world.

Chapter. 4

고객을 홍보맨으로 만드는 단골의 법칙

- 한 사람이 만족하면 137명이 연결된다
- 고객을 영업사원으로 만들어라
- 장사는 더하기가 아니라 승수
- 장사의 기본은 양심판매
- 과하지 않게 덤을 잘 써라
- “저곳에 가면 내가 원하는 게 있어”
- 재방문 고객을 단골로 만드는 건 관심
- 딴 데 갔다 다시 온 단골이 진짜다

한 사람이 만족하면 137명이 연결된다

장사를 하다 보면 우리 매장을 방문한 손님에게서 오히려 인생의 지혜나 장사 노하우를 배우게 되는 경우가 종종 있다. 안경원은 흥정이 가능한 곳이라서 손님의 성향을 파악하기 위해 대화를 끌어내는 경우가 많은데, 이런저런 이야기를 하면서 친해지다 보면 귀한 이야기를 듣게 된다.

영국에서 오랫동안 살았다는 손님 한 분이 우리 안경원에 안경을 맞추러 오셨다. 65세 정도 되어 보이는 분이었는데 산전수전 다 겪었다며 영국에서 장사하던 이야기를 해주었다. 그런 이야기를 꺼내는 이유는 아마도 좀 싸게 해달라는 간접적 의사 표시였을 것이다.

그는 영국에서 커피숍을 했는데, 7층에 있었는데도 장사가 아주 잘 됐다고 한다. 1층도 아니고 2층도 아니고 무려 7층에 위치한 커피숍을 과연 누가 올까 싶지만, 그에게는 비법이 있었다. 그는 한 사람의 고객을 만족시키면 137명을 연결할 수 있다는 이론을 믿는다고 했다. 그리고 고객 만족의 비법은 스타벅스보다 더 좋은 원두를 쓰는 것이었다. 브랜드가 있는 커피숍은 브랜드 관리를 하는 데 비용이 많이 들어가니까 생각보다 좋은 원두를 쓰기가 어렵다. 그렇지만 그는 스타벅스보다 두 배의 비용을 고급 원두에 투자했고 커피 마니아들은 그 맛을 단박에 알아차렸다.

커피숍에 한 사람의 손님이 오면 그는 맛있게 커피를 내려주고 자신의 커피숍을 소개해 달라고 부탁을 했다. 커피에 만족한 손님은 꼭 다음에도 방문을 했는데, 그렇게 재방문을 할 때면 꼭 한두 명을 동반해서 방문했다. 그만큼 커피에 만족을 했기 때문이다. 또한 친구를 데리고 다시 오신 손님에게는 커피를 무료로 제공했다. "친구분들 데리고 오셨으니까 손님 커피값은 안 받을게요." 이렇게 말하면 같이 왔던 사람에게는 학습이 된다. '어, 이 집은 친구 데리고 오면 커피는 공짜로 해주나 봐.' 이렇게 생각하는 게 사장 눈에는 다 보인다. 그렇게 같이 왔던 친구는 다음에 어김없이 또 다른 사람을 동반해서 재방문하곤 했다. 이게 바로 7층에서도 커피숍이 아주 잘 됐던 비결이었다.

꼬리에 꼬리를 무는 다단계 파워

원리를 알면 장사는 참 쉽다. 알고 보면 간단한 그 원리를 모르니까 장사를 시작하는 게 겁나는 것뿐이다. 최초의 단골 한 명을 만들고 소개할 수밖에 없는 방법을 연구하는 게 장사를 잘하는 비법이다.

진짜 유명한 맛집이라고 해서 찾아가보니 경기도나 강원도의 어느 외진 동네에 위치한 곳이었던 경험을 해봤을 것이다. 막상 가서 보면 이 험한 데에서 어떻게 30년간 장사를 했을까, 이런 장소를 처음에 사람들이 어떻게 알고 찾아왔을까 싶은 생각이 든다. 누군가 왔을 때 일단 맛이 있었을 것이고 그래서 지인들과 함께 또 방문했을 것이다. 그게 몇 년간 쌓이다 보니 어느 순간을 기점으로 폭발적으로 사람이 늘어나는 기적이 일어난 것이다. 더구나 요즘에는 거리와 상관없이 맛집이라면 찾아가서 먹는 사람들이 많다.

그래서 장사는 눈앞에 보이는 이득만 생각하면 성공할 수 없다. 이게 원가가 얼마니까 얼마를 남겨야 한다고 생각하면 고객에게 인상적인 품질을 담보할 수 없다. 아깝다고 생각하면 장기적인 지속성을 유지할 수가 없다. 이득을 내려놓을 수 있는 용기가 있어야 결국엔 성공하는 일이라니 정말 아이러니하다. 장사 초보는 당장 오늘 벌어야 하는 걸 뒤로 하고 내일의 고객을 만드는 일에 집중해야 한다. 그 연결고리를 활용할 수 있는 사람은 시간이 지날수록 장사가 더 잘된다.

장사는 다단계로 꼬리에 꼬리를 문다. 처음엔 지인들의 도움도 필요하다. 어머니도 오시고 장모님도 오시고 딸도 오고 사위도 오고 그러다 보면 나중엔 온 집안사람들이 다 온다. 자리 좋으면 잘 될 수도 있지만, 소개에 소개가 이어지는 이 원리를 모르면 자리가 좋아도 안 될 수도 있고 A급 상권이 아니어도 장사가 잘될 수 있다. 브랜드를 달고 프랜차이즈 매장을 하는 경우가 아니라면 소개마케팅을 잘 활용해야 한다.

공주의 지방도로에 있는 한 약국은 주변에 마을이 있는 것도 아니고 위치가 산속이나 다름없는데, 워낙 유명해서 전국에서 사람들이 몰려온다고 한다. 약국은 의사 처방전만 가지고 운영하는 곳이 있는가 하면 드러그스토어 개념으로 운영하는 곳이 있다. 2000년 중반부터 의약분업이 시행됐는데, 의사 처방전만 취급하는 운영 방식이 싫은 약사들이 의약분업 예외지역으로 진출하는 사례가 꽤 있었다. 의약분업 예외지역은 의료기관이나 약국이 없는 읍면·도서지역, 의료기관이나 약국이 있어도 1km 이상 떨어져 있는 곳을 말한다. 지방자치단체장이 지정한 의약분업 예외지역에서는 약사가 의사 처방 없이 약을 지을 수 있다.

공주에 있는 이 약국은 의사 처방전 없이 찾아오는 환자와 상담하면서 건강보조식품을 판매하는 곳이다. 의약분업 전에는 건강기능식품을 약사가 일일이 뜯어서 몇 알씩 넣어서 조제를 해서 줬지만, 지금은 약사의 진료행위가 불법이 되기 때문에 건강기능식품을 몇 달치 통째로 건넨다. “한 번 먹을 때 이거 두 알, 저거 세 알 드세요”라는 식이다. 그래서 결제금액 단위가 높다. 그런데도 이곳은 소개를 받거나 소문을 듣고 찾아온 사람들로 늘 바쁘다고 한다.

고객을 영업사원으로 만들어라

매장을 처음 오픈한 후 최초로 한 명의 단골이 생기면 정말 기분이 좋다. 거기에서 끝나지 말고 기세를 몰아 이후에도 단골 확보는 이어져야 한다. 소개에 소개로 이어지면 단골만으로도 매장을 유지할 수 있는 규모까지 키울 수 있다. 여기까지 이어가는 것이 참 어렵기 때문에 "장사는 어렵다"고 말하는 것이다.

매장으로 고객을 유치하기 위해서 보통은 광고에 투자를 많이 한다. 이것은 신규 고객을 창출하기 위해서는 반드시 필요한 일이다. 그런데 돈이 드는 방법보다 더 좋은 방법이 있다. **오늘 방문한 고객을 영업사원으로 만들어서 새로운 고객을 창출하는 것이다. 이 방법을 알고 실천할 수 있다면 반드시 장사는 지속적인 매출 신장으로 이어질 것이다.**

고객 한 분과 상담을 하고 있었는데, 그는 자신의 직업을 이야기하면서 그것에 맞춰 필요한 부분을 원했다. 그분은 우리 동네에 거주했고 기원을 운영한다고 했다. 검사는 꼼꼼히 하면서 원하는 도수를 선택했고 나는 비싸지 않은 가격의 제품으로 권해드렸다. 처음 방문한 손님이라 자연스럽게 신뢰를 쌓기 위해서였다. 그는 “사장님 시원시원하게 잘해주시네요” 하면서 기원에 오는 분들에게 많이 소개해주겠다고 했다. “우리 기원에 손님이 많이 오는데 내가 말하면 많이들 가요” 하면서 약속했다.

마지막에 총 결제금액은 4만5천 원이 나왔는데, 내가 “영업비로 5천 원 빼드릴게요”라고 했다. 그는 4만 원만 계산했고 “이렇게까지 해주니까 내가 고맙다”면서 기분이 좋아졌는지 90도로 인사하면서 나갔다.

사실 나는 5천 원에 그분을 우리 안경원의 영업사원으로 만들었던 것이다. 그분이 얼마나 많은 고객을 보내줄지는 모르지만, 확실한 건 반드시 새로운 고객은 올 거라는 것이다. 장사는 한 사람을 영업사원으로 만들면 내 돈을 적게 투자하고 최대의 효과를 만들 수 있다. 이런 영업사원을 많이 만들면 만들수록 장사는 수직상승 곡선을 그린다. 절대 작은 돈에 얽매이지 말고 사장이 직접 고객을 영업사원으로 만들 수 있는 방법을 찾기 바란다.

손님에게 주는 미션, "3명만 소개해주세요"

장사의 핵심 중 하나는 소개로 먹고산다는 것이다. 소개로 고객 수를 늘리려면 사장은 물론 직원들에게도 소개 멘트를 강조해야 한다. 소개를 요청할 때는 구체적이어야 하기 때문에 이 부분을 매뉴얼로 만들면 좋다. "소개 좀 시켜주세요" 하는 멘트보다는 구체적으로 미션을 준다. **"많이 안 해줘도 돼요. 딱 3명만 소개해주세요"**라고 말한다. 3명을 강조하면서 숫자를 각인시키면 고객들 머릿속에 더 남는다.

어떤 고객들은 가격 흥정을 위해서 제안을 한다. "이거 10만 원인데 사장님한테 8만 원에 해달라고 말해주세요." 첫방문 고객이 이러면 못이기는 척해준다. 고객 만족을 위해서다. "처음 오셨는데 해드려라. 대신에 소개해 달라고 해라." 이게 우리 매장의 매뉴얼이다. 깎아주고 소개시켜 달라고 하면 고객 입장에서는 할인을 받았으니 부채감이 생긴다. 이것이 기브 앤 테이크 전략이다. "그래요. 제 주위에 안경 쓴 사람 많아요", "우리 회사 직원이 몇 명인데요. 소개할게요", 이런 이야기가 술술 나온다. 그러면 마무리 멘트를 한다. "많이 소개 안 하셔도 되고요. 3명만 소개해주세요" 하는 것이다.

만족을 주되 부탁을 남기면 빚진 감정이 남아서 도와주게 마련이다. 은연중에 세뇌교육을 시키듯이 미션을 심어주는 것이다. 사람은 "소개 많이 시켜주세요" 하면 흘려듣기가 쉽다. 그러나 정확하게 "3명 소개해주세요" 하면 부채감이 생긴다. 3명은 만만한 숫자다. 한 명은 좀 야박하지만 5명은 너무 많고 3명이면 적정선이다. 숫자 3의 위력은 내가 오랫동안 경험했고 검증된 방법이다.

내가 자주 쓰는 또 다른 방법은 소개 쿠폰을 발행하는 것이다. 신규 고객들에게만 유효기간을 두고 주위 지인들에게 소개시켜 주면 소개로 온 사람이 구입한 금액의 5%를 적립해준다. 일종의 딜을 하는 것이다. 소개로 온 사람이 10만 원짜리를 사면 소개한 사람에게 5천 원이 적립되고 100만 원짜리를 사면 5만 원이 적립되는 것이다. 소개로 온 사람에게도 일정 혜택을 주면 효과는 더 크다.

요새는 대형 브랜드들이 쓰는 멤버십 서비스를 소상공인들도 확보할 수 있도록 도와주는 전산 시스템이 있으니까 편리하다. 혜택을 준다고 해도 요새는 귀찮으면 행동으로 이어지지 않기 때문에 기술적인 도움을 받는 것이 좋다. 전산화하면 소개 쿠폰을 받고 지인에게 추천했을 때 소개한 사람은 안경원에 따라가지 않아도 멤버십처럼 적립이 될 수 있다. 안경원에는 안경 맞춘 사람에 대해 도수라든지 난시 같은 특이사항 등을 진료 차트처럼 가지고 있어야 한다. 고객관리가 돼야 다음에 왔을 때도 이 사람이 도수를 어떻게 맞춰갔는지 알 수 있다. 고객 입장에서도 이 안경원에 자신의 데이터가 있으면 다음에 또 가는 이유가 된다.

소개에 앞선 필수 조건은 고객 만족

단골 고객 수를 늘리려고 하는 건 나를 지지해줄 사람을 늘리려는 것도 있지만 궁극적으로는 매출을 늘려야 하기 때문이다. 매출을 늘리기 위해서는 고객 수도 늘려야 하지만, 한 사람이 한 번에 구매하는 양을 늘리는 것도 방법이다. 다만, 이것은 자칫 오해의 씨앗을 남길 수가 있다.

보험 영업사원들에게 판매 비법을 알려주는 책들을 보면 공통적으로 하는 아주 중요한 이야기가 있다. 바로 "사라"고 말하라는 것이다. 얼마나 좋은 보험상품인지 근사하게 소개를 잘 해놓고 "가입하시겠어요?"라고 최종 의사를 묻지 않아서 보험 계약이 성사되지 않는 경우가 많다는 것이다. 마지막으로 가입하라는 푸시가 될 클로징 멘트를 해야 고객들은 구매라는 행위로 옮겨간다는 것이다.

물론 아무 때나 사라는 말을 했다가는 오히려 역효과가 날 때도 있다. 한동안 외국계 보험회사의 종신보험이 유행한 적 있는데, 라이프플래너, 파이낸셜컨설턴트 등의 이름으로 활동하는 사람들은 보험 강매라는 오명을 벗어나기 위해 "보험 들으세요"라는 말 대신 "지인을 소개해주세요"라는 말만 했다. 그렇게 관계를 유지하고 있다가 결정적인 순간에 한 건씩 하는 것이다. 장사도 보험도 결국 소개로 먹고산다.

어느 만두 가게 사장님은 다 먹고 계산할 때가 됐을 즈음엔 다가가서 "맛있게 드셨습니까?"라고 꼭 물어본다고 한다. 매출을 더 올리려고 만둣국을 더 주문하게 할 수는 없고 "가실 때 포장된 밀키트 사가실 수 있습니다"라는 이야기를 꼭 덧붙인다. 피오피(POP)도 붙여놓았기 때문에 손님은 이미 눈여겨봤을 수도 있다. 그런데 말을 안 하면 잊어버리고 그냥 지나치기 쉽다. 계산할 때 "집에 가서도 해드실 수 있어요"라고 알려주면 사람들이 50% 확률로 산다고 한다. 맛으로 만족한 손님이 집에서도 먹으려고 더 사는 것이다.

테이블 몇 개 안 되는 이 만두 가게 사장님은 점심 시간에 기다리는 손님이 들을 수 있도록 수시로 전화기를 들고 이야기한다. "밀키트 5개 포장이요? 네 알겠습니다." 이런 식인데 전화 주문이 없을 때도 이렇게 수시로 전화기를 들고 말한다고 한다. 그래서 이 만두 가게의 매출 60%는 포장이다.

장사는 더하기가 아니라 승수

세일즈계에서 살아 있는 전설이라 불리던 세계 최고의 자동차 판매왕 조 지라드라는 사람이 있다. 그는 미국 시보레 자동차 대리점에서 근무하면서 15년 동안 13,001대의 자동차를 판매하는 기록을 세웠으며, 12년 연속 세계 최고의 세일즈맨으로 기네스북에 올랐던 사람으로 알려져 있다. 그의 기록을 보면 매일 3대씩 차를 팔아야 달성할 수 있는 수치다.

그는 고등학교를 중퇴하고 35세까지는 실패한 낙오자였다고 스스로 말했는데, 번번이 직장에서 쫓겨난 게 마흔 번은 된다고 고백했다. 그런 그의 인생을 바꾼 것은 친구 어머니의 장례식장에서 들은 말이었다. 당시 가톨릭 장례식장에서는 문상객들에게 고인의 사진이 들어 있는 카드를 나누어주는 전통이 있었는데,

조 지라드는 그 카드를 보고 몇 장이나 인쇄했는지 갑자기 궁금해져서 물어봤고 장례식장 직원은 250장을 인쇄한다고 말해주었다. 보통 장례식장 문상객이 그 정도라서 경험상 그렇게 인쇄한다는 것이었다. 그는 이 말이 사실인지 확인하고 싶어졌고 다른 장례식장에 가서도 같은 말을 들을 수 있었다.

이후 그는 결혼식에 참석하는 하객 수도 신랑 측 250명, 신부 측 250명 정도가 된다는 것을 알았고, 한 사람이 평생 동안 관계를 맺는 사람의 수가 250명 정도라는 것을 깨달았다. 한 사람과의 신뢰는 곧 250명의 신뢰를 얻게 되는 일임을 깨달은 그는 그때부터 자동차 판매에서 한 사람 한 사람 정성을 다하게 되었다고 한다. 그게 조 지라드가 판매왕이 된 비결이었다.

이것은 '1:250의 법칙'이라는 세일즈맨의 법칙이 되었다. 장사도 이와 마찬가지다. 한 사람을 만족시키면 제곱승의 원리로 불어나는 이미지 획득 싸움이다. 이건 반대의 경우도 해당하기 때문에 만약 한 명의 고객에게 실수를 했다면 그 부정적인 파급 효과는 250명에게 미칠 수 있다는 걸 의미한다.

한 사람 한 사람 정성을 다하라

영국의 문화인류학자인 로빈 던바는 아무리 친화력이 뛰어난 사람이라도 진정으로 사회적 관계를 맺을 수 있는 최대한의 인원은 150명이라는 가설을 세웠다. 곤란한 상황이 닥쳤을 때 도움을 청할 수 있는 진짜 절친은 5명, 그 다음 절친은 15명, 좋은 친구는 35명, 그냥 친구는 150명이라는 것이다. 던바의 법칙은 일명 3배수의 법칙이라고도 부른다. 여기서 중요한 건 몇 명이냐 하는 수치가 아니다. 고객 한 사람을 만족시키면 제곱승의 원리로 꼬리에 꼬리를 물고 단골을 늘릴 수 있다는 사실이다.

한 사람이 가진 영향력은 몇 명까지인지 그 정확한 수치가 중요한 것은 아닐 것이다. 개인마다 영향력의 강도는 다를 수 있기 때문이다. 그중에 키맨이 되는 한 사람이 나에게는 귀인이 될 수도 있다. 중요한 건 내가 지금 응대하고 있는 한 사람으로 인해 보이지 않는 고객이 늘어나고 있다는 것만은 확실하다는 점이다. 한 사람이 10명으로 돌아올지 100명으로 돌아올지 1,000명으로 돌아올지는 아무도 모른다. 변수에 변수를 더해 만족에 만족을 시키면 단골은 급속도로 늘어날 수 있다. 장사하는 사람은 그저 지금 내 앞에 있는 한 사람에 최선을 다할 뿐이다.

이걸 아는 사람은 장사가 쉽고 재미있다. 지금 바로 내 눈앞에 있는 고객을 만족시키면 되기 때문이다. 이걸 알지 못하기 때문에 '그렇게까지 깎아주면 돈이 얼마야', '하나 더 주면 밑지는 장사인데' 하면서 불안해하는 것이다. 기술 연마까지 잘 했는데 물건 팔 생각으로만 가득차 있고 고객 만족은 뒷전이라면, 언젠가는 쉬어야 할 날이 오고야 말 것이다.

언젠가 화요일 아침에 자동차부품 회사에서 퇴직한 사람이라며 자신을 소개한 손님이 뭔가 바꿔 달라고 왔다. 직원 몇 명이 나와 있을 거라고 예상했다는 그는 "아침 9시부터 사장님이 나와 계세요?"라며 놀랍다고 했다. 사장이 장사의 현장을 지키며 일하고 있으면 도와주고 싶은 마음이 생기는 법이다. 사람은 누구나 열심히 하는 사람을 지지하는 마음이 있다. 이럴 때 매출이나 소개로 이어질 확률도 높아진다. 사장의 진심과 성실함이 일으키는 나비효과가 바로 소개인 셈이다.

장사의 기본은 양심판매

서울에 사는 어느 부부가 강원도 평창을 다녀오다가 더덕 농장을 지나쳐왔다고 한다. 당시는 더덕이 한창이었고 근방에는 더덕 농장이 많이 보였다. 길거리에서도 내놓고 파는 데가 많았는데, 평소에는 길거리에서 잘 사지 않지만 그날따라 더덕이 너무 좋아 보여서 보고 가기로 했다. 주변을 둘러보니 직접 농사지은 더덕인 것이 확실해 보여서 가격을 물었다. 한 박스에 3만 원이라고 해서 그들은 제안을 했다. "식구가 둘뿐인데 둘이 먹기엔 너무 많으니까 반만 파세요. 대신 2만 원에 살게요."

그런데 더덕 장수는 알았다면서 창고에 들어가서 비닐봉지에 담아 온 더덕을 내밀었다. "그거 밖에서 본 거랑 똑같은 거죠?" 물었더니 더덕 장수는 같은 거라면서 건네주었다. 혹시나 해서 부부는 봉지를 열어봤는데, 더덕을 잘 모르는 사람이 보기에도 좋아 보이지가 않았다. 아까 사려고 봤던 것이 A급이라면 이것은 C급이었다. 아무리 봐도 팔 만한 품질이 아니었는데 '만약에 이걸 안 열어보고 그냥 가져갔다면'이라고 생각하니까 너무 화가 났다. "사장님 1만 원이건 2만 원이건 이건 못 사겠어요. 저는 아까 다른 걸 봤는데 이게 같은 품질이라고 생각하세요?" 따져물었다. 그런데 더덕 장수는 같은 거라고 주장했고, "그러면 됐다" 하고 뒤돌아 나왔다. 뒤통수를 향해 더덕 장수의 욕이 한 바가지가 쏟아졌는데, 그때 부부는 그런 대화를 했다고 한다. "우리가 가족이었으면 정말 저 아저씨가 저걸 판다고 줬을까?"

한 번 오고 말 뜨내기라고 생각하면서 속이는 장사를 하는 건 그 사람의 마인드에서 비롯된 것이다. '사장편'에서 장사라는 건 떳떳하게 팔고 당당하게 벌어야 길게 할 수 있다고 말했다. 오랫동안 잘 되는 장사의 기본은 양심적인 판매를 하는 것이다. 그 부부는 양을 속였으면 그냥 넘어갔을 것 같은데 품질을 속이려고 하니까 견딜 수 없었다며 분개했다.

내 가족이라면 이걸 팔까?

음식점에서 가면 '내 가족이 먹는 음식이라고 생각하고 만듭니다'라는 표어를 붙어놓은 곳이 있다. 오래 가는 장사의 기초 공사는 양심으로 쌓는 것이다. '내 아이라면 이걸 먹일까? 내 절친인 친구라면 이걸 팔까? 내 엄마라면 이걸 권할까?' 그걸 깊이 있게 고민해봐야 한다.

매출이나 마진에만 몰두하면 문제가 생기는 날이 반드시 온다. 물론 매출과 마진도 경영 관점에서 중요하지만 양심의 발동이 함께 있어야 한다. 진정한 장사꾼은 최소한의 양심을 유지해야 한다. 내 가족이라면 먹이고 입히고 쓰게 하지 않을 일이라면 판매하지 않아야 한다. 그런 기준이 없다면 상황에 따라 행동하기가 애매할 수 있다. '내 가족이라고 생각한다면'이라는 전제는 모두를 설득할 수 있는 보편타당한 기준이 된다.

음식점의 경우, 내 아들이 먹는 것인데 재료의 질을 떨어뜨리겠는가? 위생에 신경 쓰겠는가? 안경원의 경우에는, 이런 눈 상태에 우리 엄마라면 누진다초점렌즈를 쓰라고 권하겠는가? 스스로 물어본다면 장점이 있을지 몰라도 단점도 있으니까 있는 그대로 설명을 해줘야 한다. 그렇지 않다면 팔기 위해 좋다는 말을 쏟아내기 바쁠 것이다. 양심이 있다면 단점까지 인지하고 판단은 고객 스스로 할 수 있도록 해줘야 한다. "비싼 게 다 좋은 건 아니고요. 이런 건 좋지만 이런 단점도 있어요. 그러니까 이거 안 해도 요거 해도 돼요." 그렇게 정보를 공개한다.

오래 장사하려는 사람은 양심이 작동해 한 박자 쉬고 갈 수 있다. 그러나 빨리 돈 벌어서 치고 빠지겠다고 생각하면 무리한 판매를 하게 된다. 모든 포커스가 돈에 가 있다. 나는 직원에게도 양심껏 하라는 말을 많이 한다. 먹고사는 장사라서 이문을 남기지만 그래도 최소한의 양심은 지켜야 한다. 30년 넘게 경험한 바에 의하면 장사를 멀리 보고 하면 그만큼 되돌아오게 돼 있다.

사장이 진심을 표현하는 법

사장이 성실한 데다가 양심적으로 진심을 다해 고객을 대하면 단골이 모이고 고객들은 사장의 팬이 된다. 그것이 장사의 핵심 기술이다. 잘 되는 식당의 사장은 절대 주방에만 틀어박혀 있지 않는다. 항상 얼굴이 보이는 카운터에 있다. 그러면서 계산하고 나가는 손님들에게 말 한 마디를 꼭 해준다. "맛있게 드셨어요?"로 시작해서 대화를 좀 더 이어간다.

연희동의 어느 냉면집 사장님은 10년째 카운터에 앉아서 들어오고 나가는 손님들에게 "안녕하세요", "또 오세요"만 한다. 출근할 때는 고급 수입차를 타고 사모님으로 와서 옷을 편한 복장으로 갈아입고 앞치마를 두른 다음에 "잘 드셨어요?", "또 방문해주세요"를 반복한다. 그 사람은 사장의 업무가 무엇인지 알고 있는 사람이다.

매장 안의 내 책상 안에는 마이쭈랑 사탕이 항상 들어 있다. 지나가다가 아이들이 보이면 항상 나눠준다. 재래시장에서 아기 손님을 만나면 야쿠르트를 건네는 것과 똑같다. 모든 직원들이 누구에게나 나눠주는 건 손님들이 좋아하지 않는다. 특별히 사장이 자기 책상에서 꺼내주면 단골들은 좋아한다.

내가 단골들을 위해 따로 주문제작을 해놓은 큰 안경수건이 있다. 보통 안경 닦는 수건이 단가 1천 원이라면 이건 2천 원이 넘는 큰 수건이다. "오랜만에 오셨는데 선물 드릴게요"라고 건네면 단골들이 좋아한다. 그것 때문에 오는 고객도 있을 정도다. 소비자가격도 일부러 8천 원으로 붙여놨다. 내가 따로 제작한 것이라서 가격은 어떻게 붙여놔도 된다. 다만 직원은 절대 주지 못하게 한다. 단골들에게 특별대우를 해주기 위한 품목이기 때문이다. 이런 것들을 구상하고 개발하는 것이 친절의 방법이 될 수 있다.

"어제 우리 애가 왔다갔는데 사장님 안 계셔 가지고 안경 피팅이 잘 안 됐어요. 다음 주 수요일에 다시 올게요." 길에서 만난 단골이 이렇게 말했다면 기억하고 있다가 반드시 수요일에는 매장에 있어야 한다. 이런 부분들을 제대로 만족시켜 주지 못하면 단골은 유지할 수 없을 것이다.

과하지 않게 덤을 잘 써라

요즘은 키오스크로 계산하고 장기적으로 인건비를 절감하려는 시대다. 그런데 이걸 반대로 생각하면 앞으로 장사는 더욱 쉬워질 것이다. 남들과 반대로 하면 희소성이 생긴다. 옛날에는 모든 서비스를 정성으로 하는 게 일반적이었지만 지금은 대면 서비스를 받는 것이 힘든 일이 되었으니, 따라가지 말고 반대로 가야 한다. 남들이 키오스크를 도입할 때 나는 차라리 규모를 줄이더라도 내 정성을 느낄 수 있는 음식점을 만들면 오히려 더 잘될 수 있다. 그러면 감동을 전달하기에 더 좋은 환경이 된다.

음식점을 예로 들면, 김치가 떨어졌는데 더 달라고 말하기 전에 가져다주면 고마워한다. 그게 가능하려면 상황을 세밀히 살펴야 하는데, 요즘에는 이런 센스를 발휘하는 사람이 많이 없어졌다. 서빙하는 아르바이트가 주된 인력이기 때문일 것이다. 더 달라고 말하는데 직원이 퉁명스럽다면 손님은 눈치 봐야 한다. 아니면 인건비 때문에라도 반찬은 셀프로 하는 시스템도 있는데, 업종에 따라 다르겠지만 나는 셀프를 반대하는 입장이다. 일일이 뚜껑을 덮어놓고 위생적으로 하는 곳도 별로 없다. 바글거리는 사람 속에서 전부 열어놓고 있으면 예민한 사람은 먹기 싫다. 그런 점에서도 사장은 꼭 현장에 있어야 한다. 사장은 직원보다 시야가 넓어야 한다. 테이블이 10개가 넘고 20개가 넘어도 뭐가 부족한지 살필 수 있으면 그런 곳은 100% 장사가 잘 된다.

음식점은 청결이 우선이라서 반찬을 미리 담아놓으면 말라비틀어진 상태로 가져다줄 수도 있다. 음식은 먹기 전에 눈으로도 만족해야 하는데 깍두기가 말라 있으면 먹기가 싫다. 금방 담은 것처럼 관리할 수 있는 노하우가 있어야 한다. 그게 힘들면 차라리 음식점 장사를 안 하는 게 좋다. 편하게 빵이나 커피를 파는 게 나을 것이다.

덤을 잘 주는 좋은 예와 나쁜 예

어느 여성이 모임이 있어서 레스토랑에 갔다. 그곳은 점심 코스가 한 가지였기 때문에 그걸 시켜서 먹었는데, 맨 마지막에 디저트로 티라미수가 나왔다. 그곳이 워낙 티라미수로 유명한 집이어서 그걸 보고 감동했다. 디저트로 나온 것이라 작은 조각이었는데 배부른 상태지만 맛있게 먹었다. 그들은 이게 너무 아쉬웠던 터라 다들 숟가락을 빨면서 서로를 쳐다보고 있었다. 그중 한 명이 "우리 티라미수를 하나 더 시켜서 먹을까?" 하고 직원을 불렀다. 너무 맛있어서 추가 주문을 하려고 한다고 했더니 "그러면 서비스로 드리겠다"며 디저트로 나온 양보다 조금 더 가져왔다.

그들은 너무 맛있어서 잘 먹었는데, 그러고도 아쉬운 감은 있었다. 그때 다시 직원이 쓱 와서 "괜찮으셨어요? 혹시 조금 더 드릴까요?"라고 물어보았다. 그 여성들은 이번에는 괜찮다고 했는데, 직원은 "아까 넉넉히 드릴 걸 그랬네요. 다음에 또 방문해주세요"라고 했다. 그 여성들 중 한 명은 아쉬운 마음에 계산하며 나갈 때 티라미수를 인원수대로 사서 한 명씩 나눠주었다. 그 레스토랑에서는 티라미수 조각 하나를 더 주고 4개를 더 팔았던 것이다. 덤을 활용해서 객단가를 올리고 단골로 만드는 좋은 사례다.

또 다른 여성은 가족과 함께 곱창집에 갔다. 미식가 기질이 있는 딸아이가 곱창을 먹기 원했기 때문인데, 아이들이 곱창을 잘 먹으니까 사장이 보기에 특이해 보였는지 "아이들이 잘 먹어서 예쁘다"면서 서비스로 더 줬다. 이미 추가로 더 시켜 먹은 후여서 더 시킬까 말까 고민하고 있었던 터라서 감동을 받았다. "우리 다음에 또 오자" 하면서 맛있게 구워 먹었다. 이제 배부름을 느끼면서 볶음밥은 시키지 말자고 의견을 조율하고 있었는데, 한 번 더 추가로 곱창 서비스가 나온 것이다.

두 번째 서비스는 처음과 달리 "조금 더 드릴까요?"라고 의사를 묻지 않고 그냥 서빙되었다. 그집은 곱창이 초벌구이로 나오는 집이었는데, 지글거리는 철판을 보면서 사양할 틈을 놓쳐서 그냥 추가로 나온 곱창을 먹었다. 나중에는 그만먹고 싶었고 결국 남겼는데, 고마운 마음은 사라진 후였다. '오늘 식재료가 남는 건가?' 하는 생각도 들었다. 그 가족은 계산하고 나와서는 "우리 앞으로 곱창 쳐다도 안 볼 것 같아"라고 했다.

이런 건 **과잉친절의 나쁜 예다. 덤을 주는 서비스도 전략적으로 나누어서 베풀어줘야 한다.** 한 번은 고맙게 생각할 수 있지만, '아이들 데리고 불쌍해 보이나?', '오늘 실수로 식재료를 너무 많이 들여놔서 재고가 남나? 처치 곤란인가?' 하는 생각이 들 수 있다. 과잉친절은 숨겨놓았다가 다음에 줘야 한다.

아까워서 더 주지 못하는 사장들에게

대한민국 소비자가 제일 좋아하는 건 덤이다. 식당에서도 덤을 잘 활용해야 한다. 덤은 어찌 보면 기부철학이다. 준 만큼 몇 배로 되돌아온다는 확신을 가져도 좋다. '내가 뭘 더 줄 수 있을까' 고민하는 사장은 돈을 번다. 그런데 그런 고민 없이 '음식만 맛있게 잘하면 되지. 내가 굳이 그걸 왜 줘야 해?'라고 생각하면 기본적인 매출로 만족해야 한다.

소비자는 1개 주면 2개 달라고 하고 2개 주면 3개 달라고 한다. 안경원에는 그냥 지나가다 들른 사람이 안경닦이를 달라고 할 때가 있다. 안경테도 닦고 렌즈도 세척해주는 서비스를 받고도 "수건 한 개 주죠"라고 한다. "에이, 한 개 더 줘요" 이러는 사람도 있다. 안경닦이는 안경원에서 따로 수분해서 돈을 주고 구입해야 한다. 시간 들여서 정성을 다해 세척 서비스를 해주고 덤으로 안경수건도 드려야 하는 게 우리나라의 소비자다. 그걸 안 주면 야박하다고 한다. 외국에서는 반찬 한 접시를 추가해도 돈을 내야 하는 것과 대조적이다. 덤 문화에 너무나 익숙해져 있는 소비자들을 만족시키려면 사장은 '우리 집은 뭘 더 줄 수 있을까' 고민해야 한다. 절대로 이걸 아까워하지 말아야 한다. 제대로 오래 하려면 항상 고민해야 할 게 덤이다.

게다가 고객은 똑같은 덤을 계속 주면 싫증낸다. 한 번 왔는데 계속 같은 걸 주면 당연시한다. 이번에 갔을 때 이거 주고 다음에 갔을 때 다른 거 주면 '뭔가 챙김을 받고 있다'는 느낌을 줄 수 있어서 만족이 극대화된다. 덤을 계속 개발하고 업종에 맞게 바꿔주면 고객은 고마워한다.

어린 딸과 부대찌개를 먹으러 간 부부가 있었다. 아이들은 맵고 빨간 음식은 잘 못 먹는데, 재료 중에 마카로니를 집어먹은 아이가 그게 맘에 들었는지 그것만 골라 먹었다. 그걸 본 사장은 아이 먹이라면서 마카로니 한 줌을 더 넣어주고 "한 번 끓으면 먹어요" 했다. 감동받은 부부는 다음에 또 그 집을 갔다. 두 번째 방문하자 사장은 "또 왔네" 아는 척을 하면서 마카로니를 또 추가해줬다. 부부는 '자주 와야겠다'는 생각을 했다.

딸이 좀 크자 다음에 갔더니 이제는 마카로니를 주지 않았고, 햄 사리를 조금 더 줬다. 그리고 다음에 갔을 때는 다른 걸 챙겨줬는데, 그렇다고 매번 갈 때마다 주는 건 아니었다. 아주 오랜만에 갔거나 들어갈 때 사장님과 눈이 마주쳐서 아주 친하게 인사를 했거나 특별한 때만 당면 사리 같은 뭔가를 챙겨줬다. 그렇게 부부는 완전히 팬이 되어 20년 단골이 됐다.

갈 때마다 똑같은 걸 주고 갈 때마다 뭔가를 주면 당연시되니까 적당히 어느 날은 바쁜 척한다든지 그러는 것도 요령이다. '덤은 특별하게 주는 거야', '당신을 생각해서 주는 거야', '덤은 당연하지 않아', '매번 올 때마다 주는 게 아냐'라는 인지를 시켜야 한다. 이것이 장사를 이어가는 데 중요한 점이다.

"저곳에 가면 내가 원하는 게 있어"

아무리 돈이 많은 고객이라고 해도 항상 돈을 많이 쓰는 건 아니다. 오늘은 돈을 많이 쓸 생각이 없을 수도 있다. 물론 이 점은 구매력과 상관없이 누구에게나 있는 상황이다. 그럼에도 불구하고 예산으로 잡았던 금액을 넘어서서 소비를 하는 경우가 있다. 심지어 과소비를 했는데도 만족을 얻는 경우가 있는데, 이것은 고객이 가격적인 면뿐 아니라 본인이 원하는 스타일에 꽂혔을 때 벌어지는 일이다. 요즘엔 현금 구매가 좀처럼 없고 카드를 쓰기 때문에 이런 사례의 빈도수는 더 높다. 부담이 좀 되긴 하지만 정말 만족하는 물건을 만나면 기꺼이 돈을 쓰는 것이다.

이렇게 가격을 초월하는 상황을 만나려면 그 사람이 원하는 가격 말고도 다른 니즈를 확실하게 매료시킬 수 있는 테크닉이

있어야 한다. 여러 가지 상품 정보를 꿰고 있어야 하고 고객 스타일을 단숨에 파악해 매칭시킬 수 있는 실력이 있어야 가능한 이야기다. 그걸 갖추지 못했다면 함부로 시도하면 안 된다. 초보에다가 실력이 갖춰져 있지 않은 사람에게는 무리수가 된다. 고수들에게는 단골을 만드는 기법이 되지만 초보들에게는 손님을 쫓아내는 악수가 된다.

옷가게에서 이런 일은 종종 벌어진다. 어느 여성이 겨울 코트를 사러 옷가게에 갔다. 30만 원 정도를 예상하고 갔는데 30만 원대 옷으로 예쁘고 괜찮게 어울리는 걸 골랐다. 사장이 "너무 예쁘게 잘 어울린다"고 말했고, 손님은 기분 좋게 "이거 살까" 하고 있었다. 그때 사장이 "이것도 너무 예쁜데 다른 것도 한번 입어보세요" 하고 말을 꺼냈다. 30만 원 이상은 쓸 생각이 전혀 없었고, 다른 걸 봤지만 '내 스타일은 아닌 것 같다' 싶어서 "괜찮아요"라고 말했다. 그렇지만 사장은 "이거 한 번만 입어보세요. 아니면 저거 사시면 되죠"라고 권했다. 막상 입어봤더니 보기와는 달랐다. 너무 잘 어울리고 예뻤는데 그게 가격이 100만 원짜리였다. 같은 30만 원대도 아니고 50만~60만 원대도 아니고 3배가 되는 100만 원짜리를 착복시킨 것이다.

딱 입은 순간 '어, 이거 진짜 너무 괜찮은데' 싶은 생각이 들었다. 전혀 원하는 스타일이 아니었고 그냥 봤을 때 예쁜지 몰랐는데 입어보니까 너무 예뻤다. 갑자기 30만 원짜리를 살지 100만 원짜리를 살지 고민이 됐다. 그 옷이 아마 50만 원이었다면 무조건 샀을 정도로 고민이 됐다. 게다가 사장은 "너무 세련되고 잘 어울리네요. 저거보다 이게 나아요"라고 띄우지 않았다. 손님이 맘에 들어하는 걸 표정 보면서 눈치챘지만, "둘 중에 어떤 걸로 해도 다 예쁘니까 원하는 걸로 하세요"라고 손님이 스스로 결정하도록 했다.

이럴 때 많은 가격이 더 높은 100만 원짜리를 살 확률이 꽤 높다. 만약에 그날 예산 상한선을 두지 않았고 구매력이 있는 사람이라면 당연히 100만 원짜리를 샀을 것이다.

최고 스타는 마지막에 등장한다

여기에는 고수들의 또 다른 노림수가 있다. **고수들은 히든카드가 되는 물건을 절대로 먼저 내놓지 않는다.** 하수들은 처음부터 끝까지 모두 좋은 것들로만 내놓으려고 한다. 그러다 보면 흔히 나오는 말이 "비싸다"는 소리다. 고수들은 그 손님에게 가장 어울릴 만한 물건은 잘 안 보이는 곳에 숨겨둔다. 어느 정도 구매할 것이 윤곽이 잡히고 마지막에 "이거 잘 나가는데 한번만 써보세요" 한다. "안 사셔도 되니까 한번 해보세요" 하는 건 판매 경험이 많은 사람은 그 손님에게 어울릴 만한 것을 직관적으로 빨리 떠올리기 때문이다. 막판에 그걸 내놓으면 대부분은 "어" 하고 놀란다.

가격이 너무 차이가 나면 맘에 들어도 안 살 수는 있다. 그런데 진짜로 노리는 건 지금 팔겠다는 것이 아니다. 100만 원짜리를 오늘 팔고 싶어서 입어보라고 권하는 게 아니라 '이 매장에 가면 예쁜 게 있어'라는 걸 알려주는 것이다. **이 매장에서는 나한테 어울리는 예쁜 걸 추천해준다는 체험을 주고 신뢰를 심어두는 것이다.**

패션 품목의 경우엔 자신에게 어울리는 스타일을 스스로 잘 모르는 경우가 많다. 많은 사람들이 옷가게에서 추천해주는 대로 입는다. 그래서 '저 매장에 가면 내가 원하는 걸 추천받을 수 있을 거야'라는 생각이 들면 나중에 또 그곳에 가게 된다. 그리고는 거기서 추천해주는 대로 사는 것이다. 장사 잘하는 사람은 모든 업종에서 그런 소비자 심리가 있는 것을 잘 활용한다.

심리를 고려하지 않으면 주구장창 설명만 하게 되는 법이다. 30만 원짜리를 사러 온 사람에게 100만 원짜리가 잘 나간다며 그게 좋다고 하면 그때부터 부정적인 인식으로 바뀐다. 부담이 되면 마음은 긍정적으로 열리지 않는다. '헉' 하는 순간 처음에 맘에 들었던 30만 원짜리도 어쩐지 이상해 보인다.

정말 잘 어울리고 예쁜 100만 원짜리를 보여주고 나서 맘에 들어하는 손님에게 나는 이렇게 말하기도 한다. "팔라고 보여드린 건 아니고요. 잘 나가는 거라서 구경해보시라고요. 다음에 사세요" 하고 안경을 다시 집어넣는다. 그러면 어떤 사람은 "한 번 더 써볼게요" 하는 사람도 있다. 반응이 즉각 오기 때문에 손님의 의중을 확실하게 알 수 있다. 자존심 상하거나 약이 오르는 경우에는 100만 원짜리에 더 집착한다. 맘에 들지만 부담을 느끼는 경우에는 "아, 그래요?" 하고 만다. 30만 원짜리를 다시 보면서 "이것도 좋은 거예요" 하고 마무리하면 된다.

확률이 높아졌을 때는 판매자와의 교감도 중요하다. 남자 손님이라면 여자 판매원이 응대했을 때, 여자 손님이라면 남성 판매원이 응대했을 때 구매 확률이 올라간다. 특히 남자들은 예쁜 여성 점원이 말하면 심리적으로 체면을 지키고 싶은 심리가 작동한다. "그냥 줘요" 하는 사람도 있다. 장사에서 고객 응대는 구매 확률을 높이는 게임이다. 어떤 시도를 해서 고객을 만족시키고 판매를 높이는가 하는 문제다. 만족으로 신뢰를 높이고 재방문할 확률을 높이면 장사는 안정기에 접어든다. '저 집에 가면 나한테 바가지는 안 씌우지', '내가 원하는 걸 잘 찾아줘' 하는 마음을 심어줄 방법을 몸에 익혀야 한다.

재방문 고객을 단골로 만드는 건 관심

장사는 사람이 몰릴 때 한꺼번에 모여든다. **이럴 때 신규 고객에 대한 응대와 재방문 고객에 대한 응대는 같을 수 없다.** 신규 고객은 의심과 불안을 품고 들어오기 때문에 아기처럼 세밀하고 적극적인 응대와 설명이 필요하다. 반면에 재방문했다는 것은 우리 매장에 어느 정도 만족을 했다는 뜻이기 때문에 좀 더 편하게 놔둬도 만족도는 깎이지 않을 것이다. 너무 내버려둬서 무관심으로 느끼지 않을 정도면 된다. 손님이 적을 때는 재방문 고객도 신규 고객처럼 소중히 신경쓰겠지만, 손님이 많을 때는 그렇게 구분해서 대하는 것이 요령이다.

재방문 고객은 우리 매장에 왔던 걸 알고 있다고 아는 척하는 것이 중요하다. 이 부분을 사람들이 잘 놓치곤 한다. 고객이 들어오면, 점원은 "어서오세요. 뭐가 필요하세요?"하고 본론으로 들어간다. 이때 고객이 첫방문이라면 그런 멘트가 부담이 없는데, 자주 왔던 사람이라면 어떨까? 우리 안경원의 경우만 해도 "무엇을 도와드릴까요?" 하면 아무리 친절한 태도로 부드럽게 말해도 너무 사무적으로 대하는 것 같아 거부반응을 보인다. 새로 온 점원일 경우에는 고객이 첫방문인지 재방문인지 잘 모를 수밖에 없다. 열 번째 방문한 고객에게 "어떻게 오셨어요?" 하면 기분 나쁠 수 있다. 그럴 때 기분 안 나쁘게 응대하려면 자신이 다시 온 손님이라는 걸 알아줬으면 하는 상대에게 실수하지 않도록 뭔가 장치를 마련해두면 좋을 것이다.

재방문 고객인지 아닌지 어떻게 알까

우리 매장에서 직원 교육을 시킬 때는 두 가지 장치를 가동한다.

첫째, "반갑습니다. 아이데코입니다."라고 인사한 후, "무엇을 도와드릴까요?" 하기 전에 한 템포를 쉬고 가벼운 인사를 첨가한다. 가장 간단하게는 "안녕하세요"가 있고, "날씨가 춥죠"라든지 친밀한 인사를 넣어서 고객 반응이 나오면 한층 더 가까워질 수 있다.

둘째, 고객이 재방문인지 잘 모르겠을 때는 재방문 고객으로 간주하고 응대한다. 어차피 재방문 확률은 50%다. 신규 고객일 수도 있고 아닐 수도 있다. 그럴 때 "여기 오신 적 있으세요?" "처음 오셨어요?" 하고 직접적으로 묻는다면, 재방문일 경우 '아직도 나를 기억 못하는 거야'라고 생각할 것이다. 손님은 매장을 보고 온 것이기 때문에 직원이 신입인지 아닌지는 의미가 없다. 그래서 확률이 반반일 때는 왔던 고객으로 생각하라는 것이다. 우리 매장에서는 신규든 재방문이든 "여기 기록 있으시죠?"라고 말한다.

"여기 기록 있으세요?"가 아니다. "여기 기록 있으시죠?"라는 멘트는 '왔던 사람이죠?'라고 짐작하는 것이다. 그러면 "네, 있어요"라고 답한다면 재방문이 맞는 것이고, '내가 왔던 거 아네'라는 분위기가 되는 것이다. 혹시 "처음이에요"라고 답해도 상관없다. "우리 집에 오시는 인상이 좋은 분하고 닮으셨네요" 하면 그만이다. 그게 아니라 "여기 기록 있으세요?"라고 하면 '처음 오셨죠?'라는 뉘앙스가 돼서 '내가 여기 몇 번을 왔는데', '여기 갖다바친 돈이 얼만데'라는 생각이 들어버린다.

파악이 어렵다 해도 재방문 고객은 언제 단골이 될지 모르기 때문에 알은체하면 좋다. 두 번째 방문이지만 이미 고객의 마음은 단골인 경우도 있다. 어느 빵집에 아침마다 커피를 사러 가는데, 2주 동안 못 갔다가 다시 갔다고 해보자. "어머, 굉장히 오랜만에 오셨네요"라고 하면 되게 기분이 좋다. 재방문 고객은 기대심리가 있어서 알아주는 것은 장사의 핵심이라 할 수 있다. 멘트는 업종에 따라 개발하면 된다. 모르는데 아는 체한다고 해서 기분 나쁘지는 않다. 그러나 다시 온 사람을 처음 왔다고 생각하면 기분 나쁠 수 있다.

광고 문자는 언제까지 보내야 할까

첫방문 고객은 재방문하도록 유도하고, 재방문 고객은 단골로 확보하기 위해 프로모션을 기획해서 광고 문자를 보내는 경우가 많다. 이때 재방문을 위한 프로모션의 의도는 '관심'이다. 이 점은 대기업에서 매출을 끌어올리기 위해서 하는 광고들과는 다르다. 장사에서 재방문은 다르게 접근해야 한다. 고객은 시간이 지나면 우리 매장을 잊게 된다. 생활 반경에서 멀어지면서 다른 매장으로 가버린다. 오늘은 안경을 우리 매장에서 맞췄지만 6개월 후에는 친구 소개로 다른 곳에 갈 수도 있고, 지나가다가 발견한 매장에 들어갈 수도 있고, 이사를 갈 수도 있다. 재방문을 위해서 지속적인 관리를 안 하면 잊혀지게 된다. 그런데 '관심을 가진다'는 메시지를 계속 주면 배반하고 이탈할 확률은 낮아진다.

재방문을 위한 시도는 첫방문 때 고객 정보를 남기는 것에 대한 동의를 얻고 문자를 보내면 된다. 문자 내용은 중요하지 않다. '내가 당신에게 관심을 가지고 있다'는 걸 확인시켜주는 것이 목적이다. 첫방문 이후 이탈을 줄이기 위해서 사은품을 준다든지 행사를 한다든지 프로모션을 기획할 수도 있고 신상품 소개나 명절을 앞두고 인사 문자를 보낼 수도 있다. 처음 방문한 당신에게 계속 관심을 가지고 있다는 것이 핵심이다.

첫방문 후 재방문이 없는 고객에게 언제까지 문자를 보내야 할지 내게 묻는 사람이 많은데, 나의 경우에는 10년 동안 문자를 보낸다. 10년 지났는데 한 번도 재방문을 안 하면 그때는 우리와 인연이 없다고 생각한다. 보통은 비용이 아까워서 3년 정도 지나면 잘 안 보낸다. 물론 생각의 차이지만, 나는 10년까지는 기다려볼 필요가 있다고 생각한다. 다른 경쟁 매장에 갔다가도 문자를 계속 보면 마음이 건드려진다. 다른 매장에 다니다가도 그곳에서 뭔가 불만이 생기면 일순위로 생각나는 것이 얼마 전에 문자가 왔던 곳이다. 살다 보면 내 맘대로만 흘러가지 않는 경우도 많아서 이런 일은 얼마든지 있다.

얼마 전 우리 안경원에도 8년 만에 방문한 고객이 있었다. 다른 곳에 갔는데 피팅이 맘에 안 들어서 왔다는 사람도 있다. 계속 관심을 보여주기 때문에 이런 일이 벌어질 확률이 높아지는 것이라 생각한다. 신규 고객 창출도 중요하지만, 재방문 관리를 계속하다가 매출로 연결될 확률이 높다. 그러나 가시적으로 보이지 않고 밑빠진 독에 물 붓기 같은 심정이 들기도 할 것이다. 당장 내 주머니에서 비용이 나가니까 속이 쓰려서 이걸 지속하는 사람이 많지는 않다. 그래도 장사는 멀리 본다는 측면에서 결단을 내려야 한다.

정기적으로 방문하는 충성고객의 경우에도 마찬가지다. 정기적으로 프로모션, 이벤트 등 문자가 오면 '나를 잊지 않았구나' 하는 마음에 단골이 유지된다. 또 단골이건 단골이 아니건 '이 매장은 계속 뭔가를 열심히 하는구나' 하는 마음을 새기는 것도 중요하다. 믿을 만한 곳으로 인지되고 신뢰가 강화된다. 문자가 올 때마다 내용을 자세히 보는 사람은 많이 없지만, 어디에서 온 문자인지는 보기 마련이다. 오랜 기간 문자를 보면서 그 매장 이름에 익숙해지면 그곳을 떠나서 다른 매장으로 갈아탔을지라도 '여기는 아직 죽지 않고 살아 있구나' 하는 메시지 전달이 된다. 그러다가 다시 가볼 기회가 오기도 한다.

고객에게 보내는 문자는 친구 관리와 같은 맥락이라고 생각하면 된다. 연결고리를 끊지 않는 것이다. 10년 동안 친구를 안 봤지만 계속 안부 문자를 보내는 것과도 같은 원리다. 그러다 오랜만에 만나면 반가워하고 다시 가까워질 수 있다.

온라인 쇼핑몰에서 물건을 살 때도 사람들 마음은 같다. 온라인 떡집에서 명절 때마다 몇 개씩 샀다고 해보자. '구매해주셔서 감사합니다'라는 문자가 왔다면 기분이 나쁘지 않다. 거기에 사은품이나 쿠폰이라도 하나 챙겨주면 다음 명절 때 또 그곳이 생각이 난다. 기브 앤 테이브는 어떤 상황에서도 진리다. 받는 게 있으면 부채감이 생기기 마련이다. 딱히 다른 걸 찾아보기 귀찮다면 그곳을 계속 애용하게 된다. 혹시 어느 순간 같은 상품에 질렸거나 다른 상품에 꽂혀서 다른 쇼핑몰에서 주문했다고 하더라도, 나에게 계속 광고나 안내나 안부 문자를 보내온다면 그곳을 완전히 잊어버리지는 않는다.

딴 데 갔다 다시 온 단골이 진짜다

재방문 고객은 학생의 공부처럼 쌓이고 쌓이는 것이다. **공부를 안 하던 사람이 처음 공부를 시작했을 때는 의미 없는 일을 하고 있는 것 같지만 어느 임계점을 지나면 잔에 물이 넘치듯이 결과가 나온다.** 공부를 열심히 하면 성적이 잘 나오듯이 재방문 고객 관리는 그런 것이다. 장사하는 사람은 1년 뒤에 올지 3년 뒤에 올지 모르지만 내가 보낸 문자에 대해 언젠가는 온다고 확신하고 있으면 된다. '나는 오픈 후 5년 동안은 보내겠다' 같은 규칙을 정하고 지키는 것이 도움이 될 것이다. 7년이 됐든 10년이 됐든 규칙을 정했다면 믿음을 가지고 꾸준히 문자를 보내보기 바란다.

요새는 광고 문자를 안 읽는 사람이 더 많다. 특히 젊은 사람들은 더 안 본다. 그 때문에 '내가 고객이라도 문자 오는 게 싫으니까 안 보겠다' 싶어서 이걸 안 보내는 사장들도 많다. 그렇지만 재방문 관리 방법이 현실적으로 딱히 없다. 대기업이야 텔레마케터 인력을 써서 집중적으로 고객을 관리하지만, 장사하는 집에서 전화기 들고 고객과 대화를 할 수 있을까. 굳이 한다면 CRM(고객관리프로그램)을 통해서 문자를 보내는 것밖에 없다. 적어도 문자 보낸 곳이 어딘지 매장 이름은 보기 때문에 그것만으로도 충분하다.

재방문 관리를 위해 노력하는 것은 꼭 필요한 일이지만, 아무리 관리를 잘한다고 해도 모든 고객이 오는 건 아니다. 경영학 책이나 경영 관점이 많이 들어간 장사 책에서는 방문율, 재방문율을 계산해보라고 하지만, 장사하는 사람에게는 그런 통계를 내볼 시간이 없다. 그리고 대기업에게는 의미가 있겠지만 장사에서는 그걸 굳이 할 의미가 없다. 고객들에게 문자를 돌렸더니 언제 왔더라 하고 추적관찰을 할 필요가 없다. 그걸 하는 비용이 더 들 것이기 때문이다.

장사하는 매장에 손님이 재방문을 안 한다는 것은 결국 내가 뭔가가 부족하기 때문이다. 결론은 어차피 정해져 있다. 나와 매장을 업그레이드시키는 노력이 더 중요하다는 것이다. 인력과 비용과 시간이 한정돼 있는 장사는 에너지와 돈을 나를 업그레이드하고 발전시키는 데 쓰는 게 필요하다.

영원한 단골은 없다

사람은 기본적으로 새로운 곳에 대한 호기심이 있다. 계속 같은 매장만 가다 보면 새로운 곳에 가보고 싶기도 하고 '나 혹시 잡아놓은 물고기 아냐?' 하는 생각도 든다. 예전에는 고객들이 한 군데에 꽂히면 거기만 가는 사람이 많았지만, 지금은 시대가 바뀌었다. 사람이 나빠져서 그렇다기보다 지금은 워낙 선택지가 많아져서 비교해보고 구매한다. 아무리 잘해줘도 손님들은 의심을 하고 '한번 바꿔볼까' 하는 마음을 먹는다.

'봄날은 간다'라는 영화에 "어떻게 사랑이 변하니?"라는 대사가 나오는데, 고객의 사랑은 변한다. 오늘 온 나의 단골 손님이 영원한 단골이라고 생각하는 건 오산이다. 물론 내 실력을 최고로 유지하면서 업그레이드하다 보면 다른 매장 가봤자 별것 없다 싶어서 다시 오는 고객도 많이 있을 것이다. 그러나 한 손님을 너무 맹신한다든가 우리 가게 아니면 절대로 안 된다고 자만하면 안 된다. 그러다가 마음에 상처받고 가슴 아픈 사장들이 많다. '내가 저 손님한테 올 때마다 얼마나 잘해줬는데' 하고 배신감을 느낄 수 있다. 고객을 너무나 사랑할 필요는 없다. '고객은 원래 그런 존재야' 하고 마음을 비우고 있어야 다시 찾아왔을 때 잘 받아줄 수가 있다.

다른 데 가봤는데 만족 못하고 다시 왔을 때 그게 진짜 단골이 된다는 걸 알아야 한다. 연애와는 달라서 한번 변심하고 다시 왔던 손님은 진짜 단골이 된다. 이런 이치를 알면 마음이 아프지 않고 다시 온 손님에게 오히려 더 잘해줄 수 있다. 마음을 비우고 있었다면 다시 왔을 때 반갑고 고마운 마음이 든다. 괘씸하다고 생각하고 있으면 다시 돌아왔을 때도 괘씸하다. 배신감과 분노가 있는 상태에서 '또 언제 배신할지 몰라' 하는 마음에 기본 서비스만 해주다가 자칫 소홀히 할 수 있다.

손님이 가족도 아니고 친구도 아닌데 비즈니스 관계에서 너무 지나치게 정 주고 마음 주고 배신감 느끼다가 일을 그르칠 수 있다. 내가 잘해주면 손님도 똑같이 나한테 아주 잘해줄 것 같지만, 나도 소비자로서 다른 곳에 갔을 때 어떤 심리가 작동하는지 관찰해보면 그렇지 않다. 그 이치를 알면 내 마음을 컨트롤하는데 도움이 된다. 고객도 손해 볼 수는 없으니까 이곳 저곳 알아보는 건 어찌 보면 당연한 것이다. 온라인 쇼핑에서 소비자 행동을 생각해보면 이해가 갈 것이다. 요새는 정보가 많고 접근하기도 워낙 쉬우니까 충성도가 없다. 이동해서 로그인 하고 등록하고 그런 게 귀찮아서 한 곳만 방문해서 구매할 수는 있지만, 그런 걸 감안해도 너무나 쉽게 이동한다.

다만 VIP 고객들은 특별히 따로 관리하는 것이 좋다. 규모가 크지 않고 장사를 잘하는 사람들은 전화를 하면서 관리하기도 한다. 한 손님이 오는 주기를 체크해서 1년에 몇 번씩 전화를 돌리는 사장도 볼 수 있다. 다른 데로 못 빠져나가게 하는 것이다.

문자보다는 직접 전화하면 확률은 더 높아진다. 그래도 이탈하는 고객은 이탈하겠지만, '우리 매장은 당신에게 관심을 가지고 있습니다', '우리 여기 살아 있습니다'를 꾸준히 알리기 위해서 노력해야 한다. 장사는 계속 씨를 뿌리는 데 시간과 에너지를 써서 재방문을 통해 매출을 높이는 것이 중요한 핵심이다.

3분 요약 체크-Chapter.4 고객을 홍보맨으로 만드는 단골의 법칙

◎ **한 사람이 만족하면 137명이 연결된다.** 장사는 다단계로 꼬리에 꼬리를 문다. 처음엔 지인들의 도움도 필요하다. 소개에 소개가 이어지는 이 원리를 모르면 자리가 좋아도 안 될 수도 있고, 이 원리를 알면 A급 상권이 아니어도 장사가 잘될 수 있다. 브랜드를 달고 프랜차이즈 매장을 하는 경우가 아니라면 소개마케팅을 잘 활용해야 한다.

◎ **고객을 영업사원으로 만들어라.** 장사는 한 사람을 영업사원으로 만들면 내 돈을 적게 투자하고 최대의 효과를 만들 수 있다. 이런 영업사원을 많이 만들면 만들수록 장사는 수직상승 곡선을 그린다. 절대 작은 돈에 얽매이지 말고 사장이 직접 고객을 영업사원으로 만들 수 있는 방법을 찾기 바란다.

◎ **장사는 더하기가 아니라 승수.** 한 사람이 가진 영향력은 몇 명까지인지 그 정확한 수치가 중요한 것은 아닐 것이다. 중요한 건 내가 지금 응대하고 있는 한 사람으로 인해 보이지 않는 고객이 늘어나고 있다는 것이다. 장사하는 사람은 그저 지금 내 앞에 있는 한 사람에게 최선을 다할 뿐이고, 그러다 보면 단골은 급속도로 늘어날 수 있다.

◎ **장사의 기본은 양심판매.** 오래 장사하려는 사람은 양심이 작동해 한 박자 쉬고 갈 수 있다. 그러나 빨리 돈 벌어서 치고 빠지겠다고 생각하면 무리한 판매를 하게 된다. 모든 포커스가 돈에 가 있다. 먹고사는 장사라서 이문을 남기지만 그래도 최소한의 양심은 지켜야 한다. 30년 넘게 경험한 바에 의하면 장사를 멀리 보고 하면 그만큼 되돌아오게 돼 있다.

◎ **과하지 않게 덤을 잘 써라.** 덤 문화에 너무나 익숙해져 있는 소비자들을 만족시키려면 사장은 덤을 주는 걸 절대로 아까워하지 말아야 한다. 제대로 오래 하려면 항상 고민해야 할 게 덤이다. 게다가 고객은 똑같은 덤을 계속 주면 싫증낸다. 계속 개발하고 업종에 맞게 바꿔주면 고객은 고마워한다.

◎ **"저곳에 가면 내가 원하는 게 있어".** 고객이 가격의 부담을 극복하고 구매해 만족하는 상황을 만들려면 가격 말고도 고객의 다른 니즈를 확실하게 매료시킬 수 있는 테크닉이 있어야 한다. 여러 가지 상품 정보를 꿰고 있어야 하고 고객 스타일을 단숨에 파악해 매칭시킬 수 있는 실력이 있어야 가능하다.

◎ **재방문 고객을 단골로 만드는 건 관심.** 장사는 사람이 몰릴 때 한꺼번에 모여든다. 이럴 때 재방문 고객이라면 우리 매장에 어느 정도 만족을 했다는 뜻이기 때문에 좀 더 편하게 놔둬도 만족도는 깎이지 않을 것이다. 너무 내버려둬서 무관심으로 느끼지 않을 정도면 된다. 손님이 적을 때는 재방문 고객도 신규 고객처럼 소중히 신경쓰겠지만, 손님이 많을 때는 그렇게 구분해서 대하는 것이 요령이다.

◎ **딴 데 갔다 다시 온 단골이 진짜다.** 다른 데 가봤는데 만족 못하고 다시 왔을 때, 그 손님이 진짜 단골이 된다는 걸 알아야 한다. 한 번 변심했다가 다시 온 손님은 진짜 단골이 된다. 이런 이치를 알면 마음이 아프지 않고 다시 온 손님에게 오히려 더 잘해줄 수 있다. 마음을 비우고 있었다면 다시 왔을 때 반갑고 고마운 마음이 든다. 배신감과 분노가 있는 상태에서 '또 언제 배신할지 몰라' 하는 마음에 기본 서비스만 해주다가 자칫 이런 손님에게 소홀히 할 수 있으니 유의해야 한다.

내가 심은 나무의 열매가
세상에서 가장 맛있다

The fruit from the tree I planted
is the most delicious in the world.

Chapter. 5

불만족한
고객 대응의 법칙

- 고객은 의심과 기대감 사이에 있다
- 예민한 고객을 만족시키면 장사는 롱런한다
- 생각지도 못한 고객은 어디에나 있다
- 참는다고 능사가 아니다
- 진상 고객은 평판관리 관점에서 접근한다
- 오픈한 지 3년이면 무리한 요구도 받아들여라
- 여러 번 오면 단골일까?
- 호의가 고객의 불만으로 돌아올 때
- 친절이 과하면 주고도 욕 먹는다

고객은 의심과 기대감 사이에 있다

고객들은 매장에 방문할 때 약간의 호기심을 가진 채 들어간다. 이때는 기대심리도 있지만 한편으로 의심과 불신을 반드시 가지고 있다. 그 비율은 각자 다를 수 있지만 두 가지를 동시에 품고 있다. 물론 지금 당장 필요한 게 있어서 가장 가까운 데로 들어가는 경우도 있다. 예를 들면, 목말라서 물을 사려고 편의점에 들어갈 수 있는데, 이때도 역시 이곳에 가면 내가 원하는 물이 있을 것이라는 기대감을 가지고 들어간다. 가서 봤더니 역시나 내가 사려는 물이 있다면 만족하고 그걸 구매할 것이다.

기대감과 의심을 동시에 가지고 들어온 고객의 의심이 점점 커져서 확신이 되고 불신이 되면 나가버릴 것이고, 기대감이 점점 커져서 만족이 되면 구매로 이어질 것이다. 장사는 누가 응대하느냐에 따라서 값곳값이 달라진다. 판매자가 어떻게 응대하느냐에 따라서 상대적으로 적었던 기대감을 충족시키는 비율이 커지고, 의심과 불신이 극도로 적어지면 고객 만족이 나온다. 또 기대감이 어느 정도 충족됐다가도 판매자의 응대에 따라 구매 확정이 안 될 수도 있다.

고객 응대가 이루어지고 상담이 진행될 때, 똑같은 고객이라도 판매자가 달라지면 응대의 방향은 바뀔 수 있다. **결국 판매자가 이 사람의 마음을 얼마나 이해하고 맞춰주느냐에 따라 판매는 성공할 수도 실패할 수도 있는 것이다.** 한 사람이 매장에 들어왔을 때 장사하는 사람은 확률 게임을 하는 셈이다. 지금 들어온 저 사람에게 가장 맞는 직원을 붙여주는 게 사장의 역할이라 할 수 있다. 20대가 왔는데 50대 아저씨가 따라가면 공감이 안 이뤄질 것이다. 고객에게 판매자가 공감을 시키면서 이끌어가면 훨씬 판매가 쉬워진다.

재방문은 구매 시점에 판명되지 않는다

고객의 기대심리가 100% 다 채워져야만 구매하는 건 아닐 것이다. 사용을 해봐야 알 수 있는 제품이라면 불신이 20% 있어도 기대심리가 어느 정도 충족되면 구매를 한다. 그러나 불신이 커진 상태에서 상황상 어쩔 수 없이 구매를 했다면 재방문은 안 할 것이다.

재방문에 대한 결론이 구매 순간에 이뤄지는 건 아니다. 매장 안에서는 어느 정도 마음이 움직여서 지불을 하고 나갔어도 불신이 사라진 건 아닌 경우가 많다. 그런 약간의 불신을 품은 채 나간 뒤에 제품을 써보고 최종 판단을 하는 경우가 많다.

먹고 가는 음식점은 매장 안에서 구매와 경험을 완료하고 가지만, 구매 후 나가서 사용 경험을 하게 되는 상품의 경우에는 실제 사용자의 사용 경험까지 기분 좋게 할 수 있어야 한다. 제대로 된 좋은 상품을 제공했다는 것이 전제되어야 구매 확정이 된 건에 대해 100% 고객 만족이라고 할 수 있다. 안경사가 아무리 친절했어도 구매 후 도수가 안 맞아서 어지러우면 말짱 도루묵이다. 판매자가 불편함이 없을 것이라고 얘기했는데, 쓰면서 경험해보니까 불편함이 느껴진다면 재방문은 절대 안 하고 싶어진다. '판매자가 말로 나를 꼬셨어'라는 생각이 들 것이다.

그래서 진짜 장사를 잘하는 사람들은 감언이설로 현혹해서 판매하는 것보다 실력으로 승부하는 걸 선호한다. 옷가게라면 진짜 이 사람에게 어울릴 만한 것을 권해줄 것이다. 안경원에서는 이 사람에게 진짜 잘 어울리는 안경테를 추천해줬다면 구매 후에 사용하면서도 대만족을 할 것이다. **대화법이나 판매 기술을 익히기 전에 장사하는 사람은 일단 실력을 기반으로 삼아야 효과를 볼 수 있다. 그래서 제품에 대한 것이든 사람에 대한 것이든 공부를 많이 해야 한다.** 실력을 토대로 상담을 하면 구매 확률이 높아지고 재방문하기에 충분한 만족으로 이어질 수 있다. 매장에 온 고객을 만족시킨다는 것은 그렇게 구매 후에 벌어지는 일까지 포함하는 상당히 복합적인 일이다.

싸기만 하면 잘 팔릴까?

고객을 만족시키기 위한 것으로 가장 흔하게 접근하는 것이 가격일 것이다. 저가인지 고가인지에 따라 박리다매도 있고 후리소매도 있지만, 진짜 어려운 장사는 박리다매다. 프레임을 정해놓고 고가로 책정해 적게 파는 후리소매는 장사를 준비하기엔 어려울 수 있지만, 어느 정도 자본만 있으면 스트레스도 덜 받고 비교적 쉽게 갈 수 있다. 그런데 박리다매는 싸기 때문에 접근성이 높은 반면 문제가 한 가지 있다. 싸게 파는 것에 대해 소비자는 의심을 한다. 제품에 대한 의심, 실력에 대한 의심이 몽글몽글 피어오른다. 진짜 제대로 된 재료를 쓸까? 제품에 하자는 없을까? 맛도 없고 대충인 거 아냐? 싸다는 만족 사항이 불만족이 될 가능성이 있는 것이다.

고객이 돈을 많이 지불한 경우에는 희한하게도 의심을 많이 안 한다. 돈을 많이 지불했다는 건 내가 거기에 깊숙이 관여했다는 뜻이다. 일명 고관여 제품이다. 마치 경험 마케팅처럼 같은 편이 되는 것이다. 고급 제품은 똑같은 하자가 있어도 '만들다 보면 그럴 수 있지' 하고 이해를 해준다.

안경원에서 싼 걸 팔 때는 "내 그럴 줄 알았다" 하고 던지고 가는 사람도 있다. 고가 안경테이든 저가 안경테이든 어디든 다 나올 수 있는 하자이고 클레임인데도 불구하고 고객은 "역시 중국산이라 그럴 줄 알았다"라는 식이다. 중국은 워낙 천차만별의 품질을 만들어내니까 저품질도 있겠지만 고품질 제품도 있는데 그런 사실은 소용없다. 큰돈 주고 제대로 살 때는 클레임이 안 나오는데 저가일 때 유난히 더 폄하하고 욕하는 사람이 있다.

싼 걸 팔 때는 그냥 싸기만 해서는 안 된다. 완벽한 품질이라든지 뭔가 서비스를 더 얹어주는 것이 있어야 만족도가 채워질 수 있다. 미국의 저가 항공사인 사우스웨스트항공 허브 켈러허 창업주는 '웃기는 회장님'으로 유명하다. 이곳은 기내식도 없고 지정 좌석도 없고 공항 라운지도 없다. 사실은 항공료가 싼 이유가 있었던 것이다. '펀 경영'이라고 했지만, 조금 다른 관점으로 보면 싸니까 웃기기라도 해야 했던 것이다. 즐겁게 해줌으로써 싸구려 저가항공이 아니라 근사한 항공사가 된 것이다.

싼 제품을 박리다매로 팔 때 대박이 나려면 가격으로만 승부하지 말고 제품이나 실력이 일단 완벽해야 한다. '싼 게 비지떡'이라는 소리를 듣지 않으려면 제품에 대한 품질은 양보하면 안 된다. 한국 다이소에는 1천 원, 2천 원짜리가 많이 있지만 가격만 싼 게 아니라 제품에 대한 품질을 불만스러워하는 사람이 별로 없다. 가격만 싸고 실력도 없는 데다가 하자가 많으면 오래 못 가 바로 망하고 만다. 그럴 바에는 고가를 적게 파는 후리소매가 낫다. 수많은 저가 샵들 중에서 다이소만 살아남은 이유는 고품질을 싼 값에 공급받기 위해 적극 노력했기 때문일 것이다.

그런데 고객 만족에 이르지 못하고 생각지도 못한 부분에서 불만족이 생기는 경우도 있다. 또 고객 만족에 대해 처절하게 노력했더라도 일부 내가 만족시킬 수 없는 고객에 대해서는 불만족에 대응하는 응대의 스킬이 필요할 것이다. 마지막 챕터에서는 그 부분에 대해서 이야기할 것이다.

예민한 고객을 만족시키면 장사는 롱런한다

우리 매장의 제품과 나의 실력에 큰 문제가 없지만 불만족이 나오는 경우 중에 대표적인 고객은 예민한 고객과 진상 고객이다. 진상 고객은 상식적으로 납득할 수 없는 이유를 대며 클레임을 거는 사람들이지만, 예민한 고객이라면 좀 다르다. **불만족한 이유를 들어보면 거의 대부분 이해가 간다. 그래서 고객이 지적하는 예민한 부분까지 충족시킬 수 있다면 그 매장은 완벽한 곳이 된다.** 두 명의 고객이 하는 이야기를 들어보자.

"단골로 가는 미용실이 있는데 자주 가다 보니까 그 밑에서 보조로 일하는 사람과도 친해졌어요. 싹싹하고 솜씨도 좋고 사람이 괜찮아서 좋아했죠. 그런데 친해지고부터 이 사람에게 거슬리는 점이 있었어요. 툭하면 말투를 '넹', '오세용' 이러는 거예요.

처음엔 말을 최대한 안 하고 입 닫고 있어서 몰랐던 거죠. 젊은 직원이 생각 없이 일상으로 쓰는 그 말투에 정이 뚝 떨어지는 걸 경험했습니다."

"자주 가는 빵집이 있는데 어느 날 새로운 직원이 계산을 해줬어요. '2만 원이십니다'라고 하는데 너무 거슬렸어요. 어린 점원이 계산할 때 돈에 높임말을 쓰는 걸 제가 참 싫어하거든요. 두 번 정도는 참는데 계속 그러면 더 이상 들어줄 수가 없어요. 돈을 높이면 사람은 하대하는 것 같아서 정말 별로예요. 물론 자기 딴에는 높이는 말을 쓴 거겠지만 기분 나쁘게 틀렸잖아요."

이런 일들은 재방문을 막는 요인들이 된다. 방문하는 모든 고객을 예민한 고객일 수 있다고 생각하면 응대의 질이 높아진다. **우선 예민한 고객에게는 말 한 마디도 예의가 있어야 한다.** 그 예의는 보통 사람들이 가지고 있는 상식선을 지켜주면 되는데, 격식있게 응대하면 예민한 사람을 리드할 수 있다. 편하게 한다고 해서 일부러 오버해서 친한 척 하는 경우도 싫어하는 사람들이 많다. 사례에서의 "넹"이라든지 맞춤법이 틀린 말투가 들리면 그 매장의 격은 확 떨어져 보인다. 요새는 웬만하면 장사하는 집의 상품이나 서비스가 품질이 유사하기 때문에 그런 예의와 격식은 중요하다. 어느 순간 마음이 틀어져서 발길을 끊을 수도 있다.

유머를 사용할 때도 마찬가지다. 유머를 쓰면서 고객을 재밌

게 해줄 수도 있겠지만 예민한 사람은 싫어할 수도 있기 때문에, 나는 기본적으로 유머는 안 쓰는 게 좋다고 생각한다. 다만 고객들 중에는 사교성이 좋고 농담을 좋아해서 나에게 먼저 농담을 거는 사람도 있는데, 그런 고객에게는 "그렇죠" 하고 유머를 잘 받아줘야 한다. 리액션을 안 하면 재미 없는 사람이 되거나 무시하냐고 생각할 수도 있다. 먼저 다가오는 유머는 받아는 주되 내가 먼저 농담으로 고객에게 접근하지 않는 것이 좋다. 좀 친해졌다고 해서 섣불리 고객들에게 유머를 많이 쓰면 오히려 선을 넘는다고 생각한다. 친구 사이와는 좀 다르다고 생각해야 한다. 한마디로 기본적인 예의만 지키는 것이 원칙이다.

작은 동작 하나가 의심을 키운다

내가 미역국 집에 갔던 적이 있다. 점심 때였는데 손님들이 줄 서서 먹는 집이었다. 미역국 하나만 파는데도 장사가 잘 됐다. 벽면을 봤는데 일반 매장과 달리 화이트톤에 글자만 몇 개 적어놨는데 거기에 조명을 쐈다. 아주 심플한 인테리어인데 미역국 집 느낌보다는 감각적인 느낌의 음식점이었다. 서빙도 로봇으로 자동화했고 메뉴판도 세련됐다. 음식 구성도 심플하게 해놓은 것이 장사 될 만하다 싶었다.

메뉴판을 봤을 때나 서빙을 봤을 때나 인테리어를 봤을 때 '이 사람은 장사를 좀 하는 사람이네'라고 생각했고, 룰이 잘 잡혀 있는 느낌이었다. 그런데 나는 그 집에 다시는 가지 않기로 했다. 왜였을까?

나는 어딜 가든 늘 궁금한 게 많아서 이리저리 잘 살피는 편이다. 아내는 "지나가는 사람 보지 좀 말라"고 하는데, 나는 장사하는 집에 가면 호기심 반, 공부 반의 목적으로 사람도 살피고 인테리어도 살피고 여러 가지를 두루두루 본다. 주방을 봤는데 오픈식으로 돼 있어서 일하는 모습이 보였다.

그 집에는 두부를 구워서 양념장을 얹은 반찬이 있었다. 주방장은 두부를 구워서 그릇에 담고 양념장을 끼얹고 있는데, 한 접시를 담을 때마다 양손을 탁탁 털고 앞치마에 닦는 동작을 했다. 습관인 것 같은데 하필 내가 그 장면을 봐버렸다. 다른 모든 것이 좋았는데 그 동작 하나 때문에 디테일이 어긋나버렸다. 안 봤으면 모르지만 '저건 아니지' 싶었고 청결에 대한 신뢰도가 떨어지면서 그 집에 다시 가고 싶지는 않았다.

예민한 고객에 대한 응대가 되려면 사장은 예민함과 디테일을 갖추고 있어야 한다. 나는 주말 아침마다 직원들에게 롤플레잉 훈련을 하는데, 한번은 매뉴얼을 만들어주고 내가 소비자가 돼서 피팅 의자에 앉았다. 직원이 시뮬레이션을 하는 도중에 나는 잠깐 멈춤을 외쳤다.

"우리는 거울 앞에서 고객에게 안경을 맞춰주고 있잖아. 안경을 맞출 때 사람들은 여러 가지를 보고 느낀다. 각도도 마찬가지야. 그런데 내가 의자에 앉았는데 지금 삐뚤어졌어. 너희들이 나를 앉힌 의자가 5도 틀어졌는데도 이걸 체크 안 하면 곤란하다. 삐뚤어진 의자에 나를 앉혔기 때문에 예민한 고객은 지금부터 네가 하는 모든 행위를 신뢰할 수 없다. 내 축이 지금 삐뚤어졌는데 직원이 아무리 설명해봐야 '그게 맞아?' 하는 생각이 계속 들 것이다."

의자가 비뚤어졌다면 실력도 그럴 것 같다고 느낄 것이다. 그런 것까지 예민한 고객에게 다 맞추려면 판매자는 더욱 예민해야 한다. 보여주는 퍼포먼스에만 신경을 쓰다가 기본으로 봐야 할 의자의 각도까지 보지 않았다면, 그런 디테일까지 볼 수 있는 예리함을 갖춰야 한다.

또 하루는 안경원 매장의 복층에서 피팅 의자가 3개를 내려다 보면서 막내 직원에게 말했다. "네가 고객이라고 생각하고 위에서 의자를 봐. 줄이 엉망진창이지. 내가 고객이라면 저런 것까지 볼 거야. 의자의 선까지 반듯하게 맞춰져 있다면 여기 사장이나 직원을 대단하게 보겠지. 그런데 삐뚤빼뚤 선이 제각각이면 '개판이네'라고 생각할 거다. 아래층에서는 안 보일 수 있지만 위에서 보면 다 보이잖아. 저거 매일 맞춰라."

이런 디테일은 고객들이 따로 불만을 말하지 않는 경우가 많아서 알아차리기가 쉽지 않을 수도 있다. 그렇지만 재방문을 유도하거나 망치기에는 충분히 결정타가 될 수 있다.

생각지도 못한 고객은 어디에나 있다

안경은 맞춤이니까 진상 고객은 없지 않냐고 묻는 사람도 있는데, 그렇지 않다. 심지어 '저 사람은 우리 집에 좀 안 왔으면 좋겠다' 싶은 사람도 있다.

안경 수입과 관련된 일에 종사한다는 어떤 사람은 자주 안경테가 깨진 채로 오곤 했다. 그전에 원가 4만 원을 우리가 부담한 채 뿔테가 깨진 걸 그냥 해준 적이 있었다. 그런데 이번에도 부셔뜨린 채 와서는 안경 탓만 하고 있었다. 그의 머리는 상당히 큰 편인데 구조적으로 단점이 있는 안경을 골라놓고 그 부분을 이해하려고 하지 않았다. 그가 고른 수입 안경테 회사에 원가를 물어보았고 "원가 7만 원만 받고 해드릴게요"라고 했는데, 그는 절대 지불할 수 없다며 화를 냈다. 그런 사람은 내 돈을 들여서 공짜로 고쳐줘도 “고맙다” 소리 한 번 하지 않는 게 보통이다.

어느 날은 부부 고객이 와서 뿔테 안경을 맞추고 갔다. 그런데 4개월쯤 후 코 위쪽 중간을 부러뜨린 채로 왔다. 남편이 안경을 들고 왔는데 집사람이 떨어뜨려서 부러졌다고 했다. 공장에 알아보니 원가는 4만9천 원이라고 했는데 맞춰간 지 얼마 되지 않았으니까 기분이라도 좋으라고 3만5천원 반 받고 해주기로 했다. 며칠 후에 안경을 찾아간 그가 다시 와서는, 집사람이 “가만히 있는데 안경이 부러진 건데 왜 돈을 받느냐”며 노발대발한다면서 항의했다. “떨어뜨려서 부러졌다고 하셨잖아요” 했더니 그는 느닷없이 “내가 언제 그랬냐”고 우기기 시작했다. 우리 직원이 너무 화를 내니까 그는 “그러면 반반 부담하자”고 했다. 직원은 “됐습니다. 그냥 안경 하러 한 번 더 오세요” 하고 끝냈다고 한다. 이렇게 본인 과실로 부러졌는데 구매한 지 얼마 안 됐으면 제품상 하자라고 우기는 사람이 꽤 많다.

장사를 안 해본 사람들은 “에이, 사람 어떻게 그래요” 하는데 실제 현장에서는 상상을 초월하는 행동을 하는 사람들이 많다. 칼같이 싸우는 경우도 있지만, 속이 문드러지는데 고객이랑 싸우는 데 지쳐서 내 돈을 들여 새로 해주는 경우도 가끔 있다. 이런 진상 고객이 찾아오는 변수가 업종마다 있을 것이다.

하루 한 번씩 상식밖의 일이 벌어진다면

장사하는 사람 중에는 문제 없이 하루가 지나가면 불안하다고 말하는 사람이 있다. 나도 어느 날은 아침에 출근할 때 오랜만에 개인면담을 해야겠다고 생각하면서 안경원에 도착했는데 주차장에 불이 환하게 켜 있었던 날이 있었다. 직원들이 퇴근할 때 주차장에 불도 안 끄고 퇴근한 것이다. 그밖에도 돈 사고가 날 수도 있고 직원이 연락 없이 안 나올 수도 있고 비가 와서 매장이 침수될 수도 있다. 매일은 아니어도 매장에는 크고 작은 문제들이 흔하게 발생한다.

다른 문제들은 비교적 해결이 복잡하지 않은데, 장사하는 곳에서 가장 큰 문제는 고객과의 불화에서 해결점을 찾는 것이다. 얼마 전 안경렌즈를 맞춘 지 1년 6개월 정도 됐다는 고객이 있었다. 브랜드는 엠포리오 알마니였는데 "나는 딱 한 번밖에 안 썼는데 안경알이 자글자글 기스가 나고 깨졌다"고 말했다.

직원이 고객 차트를 확인하고 자주 오는 사람이라고 얘기했다. 전에도 비슷한 걸 맞추고 간 적이 있다고 했다. 그날은 괜히 싸우기 싫어서 안경 맞춘 지가 1년이 넘었으니까 원가 4만 원은 받고 바꿔주기로 했다. 그런데 "내가 손님을 몇 명이나 보내줬는데 그런 식으로 하면 안 되지" 하면서 공짜로 해달라고 어필했다. 이런 상식밖의 일들이 비일비재하게 생기면 머리가 아프다.

지금의 안경원을 한 자리에서 9년째 운영하고 있다. 위드 코로나 이후에는 하루에 30~40명, 주말에는 60~80명 사이로 오는데, 여러 해 동안 한 명이 여러 번 오니까 대충 계산을 해보면 우리 고객이 7만~8만 명이 된다. 그중 누구에게 어떤 사고, 어떤 불만이 생겨날지 모른다. 7만 명 중 0.1%만 진상 고객이 있다고 쳐도 70명이다. 5일에 1명은 생각지도 못한 고객이 상식밖의 클레임을 건다는 뜻이다. 진상 고객 비율이 0.5%까지만 올라도 1년 중 하루 1명씩은 상식 밖의 일을 벌인다는 뜻이다. 비율로 따지면 얼마 안 되는 것 같아도 인원으로 따지면 우리는 매일 진상 고객에 대비해야 한다는 이야기다.

모든 불만을 들어주면 원가가 오른다

사람들은 누구나 자기만의 기준이 있어서 상상하지도 못한 이유로 클레임을 거는 고객이 어디선가 튀어나온다. 서점에서는 "이 책 불량이에요. 다른 사람이 넘겨봤던 거예요"라고 말하는 사람도 있다고 한다. 그래도 장사하는 사람은 그걸 이해해야 된다. 현실적으로 달리 대처할 수 있는 방법은 없다.

안경원에는 이런 손님도 온다. "진열해놓았던 건 찝찝해서 못 쓰겠어요. 새 상품 사러 왔는데 내가 왜 남들이 써봤던 걸 사야 되죠?" 이렇게 말하면 판매자는 할 말이 없다. 옆에 동행한 사람은 "그냥 이거 가져가라"고 하지만, 그 사람의 구매 기준이 그렇기 때문에 어쩔 수 없다. 팔지 않든가 아니면 새 상품을 주문해놓고 재방문해 달라고 요청하는 수밖에 없다.

외국의 안경원 매장에 가보면 물건이 많지가 않다. 재고를 쌓아놓지 않기 때문에 안경을 고르면 일주일에서 보름 정도 걸리니까 다시 오라고 하는 것이 보편적이다. 그러나 바로바로 해결되는 걸 좋아하는 한국인들에게는 그게 답답한 일이다.

안경원에 이런 손님들만 있는데 그런 문제들을 일일이 충족시키자고 들면, 안경원은 언제 판매될지도 모르는 안경을 모두 색깔별로 품목별로 재고를 쌓아놓고 있어야 된다. 게다가 안경을 고를 때는 한 사람이 안경 하나만 써보는 게 아니다. 다른 사람이 손을 댔다는 이유로 불량이 된다면 재고 부담으로 당연히 안경값은 두세 배로 치솟게 될 것이다.

모피 코트를 파는 매장에서도 이런 손님을 만날 수 있다. 모피코트를 입어보고 골랐는데 "이거 한 개 남았는데요" 하는 상황도 있다. 그럴 때 "이건 다른 사람이 입어본 건데 내가 이걸 왜 사야 돼요?"라고 하면 파는 사람은 난감하다. 차라리 전시상품이니까 좀 깎아 달라고 하면 그건 협상이 될 텐데 그들은 생각하지 못한다.

요새는 브랜드 매장의 경우 다른 지점에 재고가 있으면 구해다주기도 한다. 그런데 다른 매장에서 가져온 그 옷은 착복해보지 않은 새 옷이라는 걸 보장할 수 있을까? 거기서도 진열됐던 상품을 포장해서 갖다주었을 가능성은 충분히 있다. 어차피 새

옷은 화학물질을 제거하기 위해 세탁해서 입는 게 가장 안전하다. 진열됐던 옷이니까 더럽고 새로 꺼낸 옷은 깨끗하다는 것도 사실은 편견이다. 그렇지만 누구나 자신의 구매 기준이 있는 것이고, 그걸 뭐라고 할 수도 없다. 이런 것들을 스트레스라고 생각하는 순간 장사를 한다는 것이 불편해진다. 장사하는 과정에서 으레 생기는 일이니까 그러려니 하고 받아들일 수 있는 아량이 필요하다.

참는다고
능사가 아니다

옛날부터 우리나라에는 장사하는 사람들을 무시하는 분위기가 있었다. 조선왕조 시대의 논리인 '사농공상(士農工商)' 계급제는 상인을 제일 말단으로 두었다. 지금도 공부 잘하는 선비를 최고로 치는 관습은 아직도 남아 있으며, 장사하는 사람은 내 아래에 있는 사람으로 생각한다. 몇백 년 동안 누적된 사고라서 고치기도 힘들다. 게다가 '고객은 왕이다'라는 말이 '매장 직원은 하인'이라는 식으로 이상하게 받아들여져 진상고객을 탄생시켰는지도 모른다.

'고객은 왕이다'라는 말은 파리의 리츠호텔, 런던의 리츠칼튼 호텔 등을 세웠던 창업주가 했던 말로, "손님이 와인이나 요리에 대해 불평한다면 당장 치우고 다른 것으로 바꿔주어라. 그리고 문제 제기를 하지 마라"라며 강조했던 말이다. 한 마디로 고객 만족을 위해 시작했던 말이다. 그런데 고객 만족을 넘어 고객 감동을 강조하다 보니까 터무니없는 무리한 요구를 하거나 상식 선에서 벗어나는 갑질과 도가 지나친 행동을 하는 사람에게 직원들이 감정노동의 희생양이 된다는 목소리가 나오기 시작했다. 진상고객에게 상처 입은 직원이 최선을 다할 리도 없을 뿐 아니라 높은 성과를 낼 수도 없다는 반성인 것이다.

장사뿐만 아니라 기업에서도 지금은 분위기가 바뀌고 있다. 영국 버진그룹의 CEO인 리처드 브랜슨은 "주주가 가장 중요하고, 그 다음은 고객, 직원은 세 번째라는 생각은 잘못됐다. 버진그룹에서는 직원이 제일이다. 의욕이 넘치고 행복한 직원이 고객을 행복하게 만들기 때문이다"고 말했다.

이성적으로 판단하는 사람도 상식밖의 일을 경험하면 감정이 순간적으로 확 올라와서 참기가 어렵다. 진상 고객을 참으며 만족시키려다가 마음이 상해 진짜 내가 잘해야 할 고객에게 소극적으로 대하게 된다면 그건 바람직한 방향이 분명 아닐 것이다. 그래서 나도 요즘에는 무조건 참는 게 능사가 아니라고 생각하게 되었다. 너무 말도 안 되는 요구를 들을 때 나는 세 번을 참다가 간혹 한 번씩은 싸운다. 때로는 경찰을 부를 때도 있다.

고객 만족이 가치를 발휘하지 못할 때

지인이 한 번은 “자꾸 현장에 있으면서 손님들하고 싸우지 말고 뒤에 물러서 있어라”고 했다. 자꾸 필드에 있으면서 고객들과 싸우지 말라는 건데, 내 생각은 좀 달랐다. 그건 싸우려는 게 아니다. 고객이 왕이라고 해서 진상 고객을 다른 소중한 고객과 똑같이 대우해주는 건 불공평한 일이라 생각한다. 상식밖의 일을 허용한 채 반복되면 그 사람들은 어디 가서 고함만 지르면 장사하는 사람들은 다 들어준다는 마인드가 생길 것이었다. 물론 현장에 있으면서 진상 고객을 만나면 힘들지만, 나처럼 반박하는 사람을 겪고 나서 앞으로 그 사람이 다른 데서는 그러지 않았으면 좋겠다는 소망이 있었던 것이다.

타당한 이야기로 반박하면 어쩔 때는 나이를 무기로 삼던 사람도 내게 미안하다고 하고 갈 때도 있다. 물론 그렇게 손님을 보내놓고 한편으로는 찝찝한 마음을 안고 있긴 하다. 그렇지만 보편적인 상식에 어긋난 이야기, 누구나 들어봐도 이해가 안 되는 이야기를 자신의 주관적인 개념으로 나에게 주입시키려고 할 때 가만히만 있을 수는 없다.

안경을 맞추고 나서 “가만히 있는데 코받침이 부러졌다”며 다시 방문한 고객이 있었다. 한 지 얼마 안 됐다면서 안경을 바꿔 달라고 했다. 한 번은 바꿔줬는데 그는 얼마 안 가서 또 부서졌다면서 다시 왔다. 1년 가까이 지났는데도 “이건 제품의 하자”라면서 안경을 바꿔 달라고 막무가내였다. "뿔테에 코받침을 심어놓으면 빠질 수 있습니다. 안경을 쓰다 보면 코받침이 부러질 만한 상황도 있는데, 이건 제품의 하자가 아닙니다"라고 하는데 "나는 잘못한 게 없다"며 억지였다. 마치 그 사람 머릿속에는 '안경이란 계속해서 공짜로 새 걸로 교체해서 쓰는 것'이라고 입력돼 있는 것 같았다.

말이 안 통해서 협상을 시도해봤다. 그러면 그 안경테로 하지 말고 다른 방식으로 만든 뿔테로 교환해드리면 어떠냐고 했다. 그랬더니 "그러면 안경알까지 새로 해줘야지" 한다. 안경 코받침 하나 때문에 1년을 썼던 안경렌즈까지 바꿔줘야 한다는 건 말이 안 통하는 이야기였다. 물건이 판매되어 출고된 뒤 직접 사용하는 과정에서 벌어지는 일은 뭐가 됐든 소비자 과실이라는 건 누구나 아는 상식이다. 이럴 때는 싸울 것 없이 소비자원(옛 소비자보호원)에 민원을 접수하라고 하는 게 편하다. 그렇게 접수해서 넘어가도 상식이 통하지 않는 이야기라서 그 고객이 바라는 무료 교환은 벌어지지 않는다.

화가 나서 자신의 억지 주장만 할 뿐 대화가 안 통하는 사람이 있다. 그런 고객의 요구를 들어주는 걸 고객 만족이라고 할 수는 없다. 어떨 때는 욕을 하면서 가는 사람도 있는데, 그런 사람들은 다시 안 와도 된다.

그런 진상고객을 대하고 나면 마음이 진정이 안 될 때가 있다.

그럴 때 나의 경우에는 화나는 마음을 낙서로 풀곤 했다. 지나가던 사람의 시선에서는 노트에 뭔가 적고 있으면 손님이 없을 때도 일하는 사람처럼 보인다. 노트에 한자로 '성공(成功)'을 쓰기도 하고 목표를 적어보기도 하는 것이다. 같은 글자를 백번, 만번 써도 상관없다. 오히려 반복이 뇌에 각인되는 데는 더 효과적일 것이다.

진상 고객은 평판관리 관점에서 접근한다

어느 강의 업체에서 진행하는 특강에 대해 신청자가 전화로 화를 내고 있었다. 강의 날짜는 오늘인데 그는 어제 왔다 갔다면서 "왜 어제가 아니고 오늘이냐"고 따지고 있었다. 그 업체에서는 강의 전날과 당일에 "강의는 내일입니다", "강의는 오늘입니다"라고 문자를 보내준다. 그런데 그는 문자를 못 봤다면서 환불을 요구했다. 환불은 해드릴 수 있다고 답했는데 "어제 왕복으로 왔다 갔다 했으니까 교통비까지 줘야지"라고 했다. 어제 그곳에 갔다 오느라 아무 일도 못했으니까 정신적인 피해보상을 해달라고 억지를 썼다.

이런 일은 장사하는 매장에서도 흔히 일어나는 일이다. 세상 어느 곳에서든 화가 많으며 돈을 지불하면 몰상식의 행동을 해도 된다고 생각하는 듯한 사람들을 종종 볼 수 있다. 그런데 그 와중에도 말이 안 통할 정도의 진상 손님은 아닐 가능성을 열어 두고 있어야 한다.

안경원에서 피팅을 해달라며 들어온 손님에게 안경테와 렌즈를 닦아주고 깨끗이 해서 피팅을 해주었다. 그런데 고맙다는 말도 없이 "안경닦이 하나 주세요" 퉁명스럽게 말한다. 하나를 건네면 "한 개 더 줘요" 한다. 이럴 때 화도 못 내고 또 줘야 하는 게 장사의 현장이다. 안경닦이가 소비자 가격이 1천 원인데 거기에 대고 "1천 원입니다" 하면 "에이, 인심 야박하게 뭘 돈을 받아요. 안경닦이 얼마나 한다고" 하면서 맘 상해한다.

이럴 때 나는 "한 개 주세요" 하면 두 개를 줘버린다. 두 개를 달라고 하거나 "많이 주세요" 하면 '에라 모르겠다' 싶어 10장씩 줘버린다. 한 개 달라고 했을 때 한 개를 주면 고마워하지 않지만, 오히려 더 줘버리면 반응이 다르다. 손님 중에는 안경닦이를 달라고 할 때 미안해서 "몇 개만 주세요" 하는 사람도 있는데, 이 몇 개가 참 어렵다. 몇 개란 2개일 수도 있고 5개일 수도 있는데 이때 10장을 푹 집어서 "넉넉하게 드릴게요" 하고 주면, "헉, 우리 집에 안경 쓰는 애들 많은데 고마워요" 한다.

원칙적으로는 안 주는 게 맞지만, 이런 걸 자꾸 아끼면 고객관리 차원에서는 평판이 달라질 수 있다. 직원들은 주지 않고 사장이 주는 걸 한다든지, 직원들은 두 개 이상 주지 않는 걸로 한다든지 전략상 매뉴얼로 삼는 것도 좋다. 사장의 권한이 돋보이게 해서 나만 특별한 서비스를 받았다는 느낌을 주는 전략이다. 직원도 10개 주고 사장도 10개 주면 사장의 서비스가 값어치가 떨어진다. 이런 것이 진상 고객을 내 편으로 만들 수 있는 방법이 될 수 있다.

진상 고객을 품는 데는 비용이 든다

진상 고객에게 질려서 예민해진 사장들이라면 눈에 보이는 마이너스가 커 보일 것이고 그러면 진상 고객을 품겠다는 생각은 하기가 힘들다. 요즘 장사는 사실 행사하느라 이것저것 비용을 빼고 나면 사장이 자신의 인건비를 버리고 끌고 가는 경우도 많다. 고성장 시대의 장사와는 달라서 계산은 뻔하고 생각보다 순익을 따지면 많이 못 번다. 게다가 뭔가 서비스를 하나 주면 그걸 당연시하면서 더 큰 걸 받으려고 하는 고객들이 많다 보니까 사장들도 방어적으로 바뀌는 경향이 있다.

평판관리를 위해서 진상 고객을 품으려면 알게 모르게 보이지 않는 비용이 드는 것이 사실이다. 그렇지만 이런 관리는 씨앗이 되어 나중에 되돌아올 것이다. 눈앞에서는 마이너스라고 생각되어도 그 후에 보이지 않는 플러스는 상상을 초월한다. 그게 얼마나 플러스가 될지는 아무도 알 수 없다. 계산적으로만 따질 것이 아니라 진상 고객을 품는 비용은 홍보비라고 생각하면 된다. 멀리 보고 가는 것이다.

한 고객에게 서비스 하나를 주면 다음에 와도 또 달라고 하고 그것이 고착화된 위험이 있기 때문에, 서비스에는 항상 단서 조항이 필요하다. **"원래 이건 안 되는 거예요. 그런데 이번만 특별히 사장님이 해드리는 겁니다." 이 멘트를 꼭 고지해야 한다.** 그렇지 않으면 하면 기본에서 벗어난 상황이 연속되어 매장은 직격탄을 받는다. 이런 고지는 매장의 매뉴얼이 되어야 하는데, 만약 직원이 이런 멘트 없이 "해드릴게요" 해버리면 서비스는 더 이상 특별한 것이 아니라 당연시된다. 이번만이라는 전제는 '이게 특별한 것이구나'라는 느낌을 준다. 그렇지 않고 '여기는 이걸 해주는 데구나'라고 느껴버리면 그게 기준이 돼서 그 다음에 같은 걸 안 해주면 더 큰 불만으로 악평을 하고 다닌다. 사장의 관리가 없는 매장이 망하는 이유가 바로 여기에도 있다.

오픈한 지 3년이면 무리한 요구도 받아들여라

고객의 요구는 될 수 있는 대로 받아들여야 맞지만, 모든 고객을 다 만족시킬 수는 없다. 우리 매장에서 서비스에 불만족한 고객이나 진상 고객을 어디까지 받아줄 것인지는 합당한 기준이 있어야 한다. 만약 매장을 처음 오픈한 지 3년이 지나지 않았다면 일단은 부당하다 느껴도 거의 다 들어줘야 한다. 일종의 터를 닦는 기간이다. 속이 쓰리더라도 꾹 참고 일단 들어줘야지, 그 시기에 계산적으로 생각하면 잃는 것이 더 많다.

오픈한지 얼마 안 됐는데 불만 고객이 예닐곱 명이 떠들어댄다면 잠재 고객까지 다 잃을 수 있다. 오픈하고 처음 방문하는 고객들은 1차 상권에서 올 텐데 여기서 문제가 생기면 2차 상권으로 퍼지지 못한다. 한 번 왔던 사람은 주변 사람을 데리고 오고 2차 소개로 이어져야 손님이 점점 늘어날 수 있다. 오픈 초기에는 좀 손해 보더라도 가격이든 서비스든 다 들어주는 것이 좋다. 그러면서 원칙으로는 안 되지만 특별히 해준 거라는 점을 인식시키면 좋은 평판을 만들 수 있다. “저 집에 한번 가봐” 권하기도 하고, 설사 누군가 욕하는 사람이 있어도 “에이, 안 그렇던데” 하면서 옹호해주기도 한다.

오픈한 지 3년이 지나고 6년차까지는 기준을 정해서 무리한 요구를 하는 고객은 잘라내야 한다. 그때가 돼서도 모든 걸 다 들어주면 사장은 과부하가 걸린다. 고객의 무리한 요구를 들어줄지 말지는 시기별로 달리하는 것이 요령이다. 너무 들어줘도 손해, 너무 안 들어줘도 손해다. 이걸 모른 채 처음부터 내내 칼같이 하다 보면 자리를 못 잡는다. 한 지역에서 3년만 지나면 어느 정도 괜찮은 곳이라는 이미지가 굳혀진다. 그 다음부터는 정말로 잘해주고 싶은 내 손님을 선별해간다. 그러다 보면 처음 3년 동안에 오던 손님이 떨어져나가는 경우도 있다. 그런 손님은 받아들이기 싫지만 그동안 내 욕을 안 하고 다녔기 때문에 받아준 것이다. 3년 이상 지났다면 그때부터는 이 사람들이 딴 데 가서 내 욕을 하더라도 이미 굳혀진 좋은 이미지 때문에 사람들이 안 믿는다. “저번에는 너도 좋다 그랬잖아”라는 소리를 듣는다.

그리고 다음 시기로 오픈한 지 7년차 이상이면 다시 루즈해져야 한다. 계속해서 똑같은 잣대로 타이트하게 하면 단골들이 떨어져나간다. 그때쯤이면 자주 오는 진상 고객은 어느 정도 걸러졌고 진짜 단골들이 남는다. 그래서 좀 손해 보더라도 요구하는 건 웬만하면 들어준다.

이렇게 시기별로 순환하는 사이클을 가져가면 좋다. 블랙 컨슈머는 어떻게 하라는 말이 여러 책에 나오지만 사실 정답은 없다. 요구하는 대로 너무 들어줘도 문제이고 안 들어줘도 문제라서 참 어려운 이슈다.

진상 고객을 해결하다 보면 고수가 된다

나의 경우에는 안경원이 9년 정도 자리를 잡았기 때문에 피곤한 진상 고객은 받아주지 않는다. 만약 초보 사장이 이걸 보고서 따라하겠다고 나처럼 고객을 걸러버리면 큰일이 난다. **초보 때는 어떤 고객이 와도 일단 "예스"해야 된다.** 3~5년 동안 자리잡을 때까지는 참아야 한다. 이 기간은 대략적인 계산이며, 그 노력들이 평판으로 굳어질 때 해야 된다는 의미다. 그렇지 않고 **처음부터 고객을 내쳤을 때 그 상식밖의 진상 고객이 나쁜 이야기를 하고 다니면 우리 매장을 경험해보지 않았기 때문에 사람들은 악평을 믿을 것이다.** 지나가다가 오고 싶었던 사람도 안 오게 되고 우리 매장을 경험시킬 기회를 날리는 것이다.

진상 고객이 나쁜 얘기를 하고 다녀도 자신이 겪은 그 가게는 그렇지 않기 때문에 믿지 않을 때쯤이 되면, 자리를 잡은 곳이라

할 수 있다. 그때는 피곤한 손님을 스트레스 받아가면서까지 참을 필요 없다. 고객 만족에 최선을 다하기에도 시간과 에너지가 모자란데 언제까지 진상 고객에 에너지를 뺏길 수는 없다.

그렇게 성장기를 넘어서 성숙기에 접어들면 사장은 내공이 쌓여 있을 것이다. 5년쯤 진상 고객을 해결하는 방법을 찾다 보면 접객 실력이 느는 것이다. 그리고 진상 고객 중에서도 도움이 되는 사람들이 있다. 진상 고객이 돈을 벌어다주는 건 아니지만 피곤해도 그 사람들을 대하다 보면 자신은 화를 냈으면서 "거기 가봐" 하고 추천을 해주기도 한다. 그래서 진상 고객을 어떻게 다루느냐가 장사의 숨어 있는 비법이 된다.

진상 고객들 중에는 말을 많이 하기도 하고 말을 잘하는 사람이 많다. 그래서 맘에 들었을 경우 그걸 잘 퍼뜨리기 때문에 좋은 평판을 만들어준다. 오히려 착한 고객은 이야기를 잘 안 하고 다니는 경향이 있다. 사장은 진상 고객을 응대하기 위해서라도 현장을 지켜야 한다. 진상 고객을 대하는 것은 사장의 융통성이 필요한 일이다.

진상 고객이 만족하면 단골이 된다

오래 된 매장의 단골 손님 중에는 진상 고객이 없을 것 같지만, 그렇지 않다. 처음 방문했을 때 까다롭게 굴었지만 만족도가 높았다면 그곳에 계속 가게 된다. 진상 고객이라도 최선을 다해 만족시키면 단골이 되는 경우가 심심찮게 있다. 자신도 까다로운 사람인 걸 알기 때문에 다른 매장에는 못 간다. 그래서 내가 자주 주장하는 것이 첫손님은 웬만하면 들어주라는 것이다.

희한한 것은 진상 고객의 요구를 받아주고 단골이 되었을 때 보면 그 사람이 처음보다 훨씬 덜 까다롭고 순해져 있다는 것이다. 계속 방문하다 보면 안면식이 생기기 때문에 그때부터는 함부로 하지 못한다. 서로 얼굴을 알면 그 강도는 약해진다.

고객과 안면을 트는 것은 친구 사귀는 것과 비슷하다. 친구 사이에서도 서로 친하지 않은 사람에 대해서는 뒤에서 흉도 보고 못되게 할 수 있는데, 친해지면 그렇지 않다. 안면을 트고 친해졌는데도 계속 뒤에서 욕하고 못되게 굴면 그건 그 사람이 못된 것이다. 그런 사람은 친구로서 끊어야 맞다. 보통은 안 친하면 뒷말하는 걸 별로 죄책감 없이 해버린다. 그러나 아는 사람이 되면 함부로 하지 못한다. 진상 고객도 같은 원리라고 생각하면 참을 만할 것이다.

간혹 장사를 해봤던 사람, 장사를 하고 있는 사람이 부당한 요구를 하거나 횡포를 부리는 경우가 있다. 지금 하고 있는 안경원을 오픈한 지 두 달쯤 지났을 때 근처의 자동차 정비소 사장 부부가 왔다. 그 동네에서 장사를 오래 했다며 자기 자랑을 한참 하다가 아내의 안경을 맞춰 달라고 했다. 누진다초점렌즈를 맞추고 일주일 후에 찾아갔는데, 다시 전화가 왔다. "장난 쳐요? 왜 나한테 중국산 팔아요. 내가 중국산 살려고 거기 간 줄 아나? 나는 자동차 부품도 중국산 못 쓴다" 하면서 노발대발했다.

"질 스튜어트 미국 브랜드로 수입테가 맞습니다. 업종마다 다르지만 자동차 부품이랑 안경테는 다릅니다." 안경테뿐만 아니라 웬만한 수입품들은 공장이 중국에 있고 'made in china'라고 붙어 있는 경우가 많은데, 그 점을 설명했지만 이해하려고 하지 않았다. 그냥 다른 걸로 바꿔주기로 하고 아내가 방문해서 'made in china'가 안 붙은 다른 걸 골랐다. 더 비싼 걸 골랐기 때문에 금액 차이가 5만 원 넘게 났는데, 이 점을 공지하고 "결제해주세야 합니다" 했더니 정색을 하는 것이다.

지갑에서 카드를 빼서 테이블로 휙 던지는 그분에게 "뭐 하시는 겁니까? 카드 가져가세요. 저 안 팝니다" 하고 안경을 돌려받고 보냈다. 그녀는 막 욕을 하면서 나갔는데, 1시간 후에 남편이 전화를 했다. 막 따지려고 하기에 선을 긋고 설명했다. "똑같은 금액이면 안 받지만 차액이 있는데 당연히 결제를 해주셔야죠. 근처에서 장사하는 분이니까 편리를 봐줘서 해드렸는데, 내가 안 받을 돈 받는 것도 아니고 왜 거지 동냥하듯이 카드를 던지십니까?" 그는 들어보고 자기 아내의 잘못이 보이니까 그냥 안경을 주고 계산해 달라고 요청했다. 한 동네에서 장사하는 분이라는 걸 감안해서 다시 안경을 해드리기로 했다.

오픈한 지 얼마 안 된 사장이 첫방문한 고객에게 진상이라고 해서 재방문을 유도하지 않는다면 매출을 극대화하지 못할 것이다. 이런 관리를 잘하면 나중에는 그 진상 고객이었던 사람이 사장밖에 안 찾는다. 우리 안경원에도 그런 고객들이 많다. 내가 자리를 비우고 있을 때 방문해도 안경을 맞추긴 하는데 그러다 어느 날 나랑 마주치면 아주 반가워한다. 직원들이 힘들어하면 "그래도 저 사람 때문에 이 매장이 유지되는 거니까 잘해줘라"라고 말하곤 한다.

여러 번 오면 단골일까?

손님들은 문제가 생겨서 클레임을 걸 때나 좀 더 많은 서비스를 요구할 때 "내가 이 집에 몇 번 왔는데"라는 말을 반복한다. 재방문한 고객은 '나 또 왔어'라고 의미를 크게 부여하고 원하는 게 있을 때 자신이 단골이라고 주장하고 싶어한다. 이 부분에서 오해가 있기 때문에 과한 요구를 하는 것이다.

매장 입장에서는 재방문 고객과 단골 고객은 조금 다르다. 우리 매장에서는 두 가지를 따져서 단골인지 아닌지 판단한다. 첫째, 이 고객이 몇 번 왔지? 둘째, 가족이 여길 방문하나? 이 두 가지가 충족되면 단골 고객이고, 내가 조금 손해를 보더라도 요구조건을 들어주는 편이다.

3천 원짜리 돋보기를 10번 사간 손님을 충성고객이라고 할 수는 없다. 단골로서 혜택을 주려면 매출 기준으로 봐야 한다. 그렇지만 고객은 단골이라고 주장할 수 있다. 그 차이를 고객에게 일일이 설명할 수는 없지만 고객 응대를 하는 사람은 이 점을 염두에 두고 임기응변을 발휘해야 한다. 고객이 생각하는 대로 여러 번 왔다는 이유로 퍼주다가는 매장이 망해버리고 한다.

우리 매장이 백화점이라고 생각해보자. 백화점에서는 VIP 고객이 단골이다. 1억 원 이상 팔아주는 고객이 뭔가 서비스를 요구하면 조금 무리라는 생각이 들어도 들어줘야 한다. 안경원에 안경 수리를 맡기러 왔는데 수리비 견적이 2만 원이 나왔다. 그 사람이 3천 원짜리 돋보기만 10번 사간 사람이라면 수리비를 받아야겠지만, 100만 원짜리 2번 사간 고객이라면 수리비를 매장이 부담하고 고쳐줄 수도 있어야 한다. 거기서 수리비를 받아버리면 오히려 불공평한 응대가 될 수 있다.

자주 산 사람과 많이 산 사람

손님의 관점과는 다르게 사장의 관점에서는 우리 매장에서 돈을 많이 쓰고 간 사람이 단골이다. 한 마디로 VIP 개념이다. **고객에게 어떤 서비스를 해줄 것인지는 사례마다 사장이 직접 판단하는 것이 맞다. 자주 왔다고 해서 모든 고객에게 후한 서비스를 해주면 매장의 출혈이 심해서 생존에 문제가 생긴다. 안 되는 건 안 된다고 얘기해야 한다.** 대신에 매출을 많이 일으켜주는 고객에게 서비스하는 건 투자가 된다. 이 부분이 초보 사장이 실수할 수 있는 대목인데, 돈 쓰는 고객과 돈 안 쓰는 고객을 구분해내는 것이 장사하는 사람의 실력이다.

우리 안경원의 고객 중에 오픈한 지 얼마 안 됐을 때 포르셰 브랜드의 안경테에 다초점렌즈를 맞춰간 고객이 있었다. 그후에 그 고객이 이사를 갔는데, 분당구에 있는 도서관에서 그 사람을 지나가는 것을 본 적이 있다. 그 고객은 모르고 있지만 나는 그가 사는 동네를 알게 된 것이다. 이후에도 그 사람은 의왕시의 우리 안경원을 계속 방문한다. 코 부분이 부러져서 오는 경우가 자주 있었는데, 그에게는 공짜로 수리를 해주고 있다. 수리비는 비싸고 원래는 돈을 받아야 하지만, 투자를 하는 것이다. 분당에서 여기까지 오려면 거리가 상당한데도 계속 방문하고 싶은 계기를 만들고 있는 것이다. 그는 한 번 방문하면 70만~80만 원은 매출을 올려주는 구매력 있는 손님이다. 그가 먼 곳에서도 반복해서 방문한다는 것은 우리 매장의 서비스에 만족하기 때문일 것이다.

만약 그런 손님이 불만족으로 인해 굳이 먼 곳을 오지 않겠다고 결심해버리면, 신규로 다시 고가의 고객을 확보하기 위해 나는 얼마나 투자를 해야 할지 알 수 없다. 장사를 잘하는 사장은 그런 고객을 잘 구분할 줄 안다. 그런 고객을 한 명 만족시키면 알게 모르게 소개가 이어진다. “내가 이 집에 손님을 얼마나 보내는지 알아?" 하는 분도 있는데 사실 얼마나 보내는지 알 길은 없지만, "감사합니다, 감사합니다" 하고 있다.

어떤 안경원의 경우에는 손님과 싸우기 싫으니까 무리한 요구들을 다 들어주는 곳도 있다. 그리고선 안경 제조업체에 책임을 전가시키는 방법으로 손해를 만회하는 사람도 있다. 이미 쓰고 다녔던 안경인데도 불량이라고 주장하면 고객에게는 반품해 주고 제조업체에 갑질을 하는 셈이다. 나는 그보다는 다른 선택을 할 것을 주장한다. 타당한 기준을 잡고 고객을 잃는 걸 감안하더라도 안 되는 건 안 된다고 말할 수 있어야 한다. 대신에 우리 매장에 값어치 있는 고객을 잃지 않기 위해 에너지를 쏟아야 한다.

호의가 고객의 불만으로 돌아올 때

아주 예전에 군위에서 안경원을 할 때의 일이다. 3천 원짜리 돋보기 때문에 고객과 크게 다툼이 생겼던 일이 있었다. 시골에는 5일장이 열리는 날이 있는데 그날은 좀 바쁘다. 면 소재지에 있는 할머니들이 장에 왔다가 안경을 맞추러 오는 경우가 많아서다. 새벽부터 장에 오는 할머니들은 안경원이 9시 오픈인데도 아침 일찍 나와서 기다리고 있다. 그날은 출근하면 안경원 앞에서 문 열기도 전에 이미 기다리고 있는 할머니들을 만나게 된다.

어느 날은 할머니가 돋보기를 사러 왔다. 2천 원을 받으려다가 아침부터 기다리고 계셨던 게 미안해서 "할머니 그냥 1천 원만 주세요" 하고 깎아주었다. 그런데 기분이 좋아진 이 할머니가 장에 가서 만나는 사람마다 떠들고 다닌 것이다. 오후 되니까 어떤 할아버지가 와서 "장사 그따위로 하냐"고 욕을 했다. 장에서 들었는데 왜 자기한테는 3천 원을 받았냐면서 "장사 그리 하면 안 되지"라고 화를 냈다. 당시에 나는 20대였고 어렸는데, 너무 억울한 기분이 들어서 잠시 침묵하면서 생각을 좀 하다가 말을 꺼냈다. "그걸 화내시면 안 되죠. 그걸 왜 저한테 화를 내세요." 그랬더니 "장사를 하려면 똑같이 받아야지"라고 반박했다. 그래서 이렇게 말했다. "어르신, 제가 만약에 2천 원짜리를 3천 원 받았으면 잘못입니다. 그런데 장사하는 사람이 3천 원짜리를 2천 원에 팔든 1천 원에 팔든 공짜로 주든 그건 제 자유입니다. 할머니가 안 돼 보여서 제가 싸게 드린 건데 그걸 나한테 잘못했다고 하면 안 되죠. 저는 사기 친 거 없습니다. 이건 원래 3천 원짜리입니다. 돈은 못 돌려드립니다."

당시에 오픈한 지 얼마 되지도 않았는데 '그 사람이 만약 우리 가게를 욕하고 다니면서 없는 말을 지어낸다면 우리 가게는 망할 텐데' 하면서 참 불안했다. 그로부터 며칠 뒤에 나는 그 어르신이 보낸 편지 한 통을 받았다. "집에 가서 생각해봤는데 그건 자네 말이 맞더라. 젊은이의 자유인데 내가 오해한 것 같다. 장사 열심히 하고 부자 돼라"는 내용이었다. 속으로 나는 '내 기준이 맞았구나' 하는 생각에 안심이 됐다. 그렇게 대응하고 나서는 내내 찝찝했는데, 그래도 이분은 어른이라는 생각이 들었다.

목소리 톤으로 진상고객을 제압한다

진상 손님에게 안 되는 걸 안 된다고 말하기 위해서는 예의를 갖춘 단호함이 필요하다. 직원들이 이게 잘 안 돼서 아침마다 시뮬레이션으로 시켜보곤 한다. 하루는 손님 3팀이 한꺼번에 들어오는 설정으로 고객 응대를 연습했다. 직원들이 손님 A, B, C의 역할을 했는데, 안경 맞추러 온 손님, 안경 찾으러 온 손님, 안경 수리를 찾으러 온 손님으로 모두 진상 고객이라고 설정했다. 우리 매장은 번호표를 뽑고 순서대로 응대해주는데, 30초 간격으로 손님 A, B, C가 우르르 들어와 번호표를 뽑았고 신입 여직원에게 받아보라고 했다.

우리 직원들은 하도 당해봐서 진상 손님 역할을 잘 한다. 번호표가 뒷번호인 손님인데 빨리 수리한 안경을 찾아내라고 난리를 쳤다. 그런데 응대 담당인 직원이 절절 매고 있었다. 대화를 내 주도로 끌고 가면서 컨트롤해야 하는데, 진상 손님의 말을 끊지 못하니까 하나씩 차근차근 해결하지 못하는 것이다. 이러면 3명이 모두 불만을 가지게 된다. 3명을 다 만족시켜도 시원찮을 판에 한 명한테 엮여서 빠져나오지 못하고 있었다.

진상 손님이 아무리 강하게 나와도 그럴 때는 내가 더 강해야 한다. "앉아 계십시오" 하고 단호하게 할 수 있어야 한다. 그런 사람들은 강자에게 약하고 약자에게 강한 성향을 보이는 경우가 많다. 그래서 더욱더 여직원은 목소리로도 기운을 전달할 수 있어야 한다. 단호하게 말하면서도 목소리 톤을 살짝 올려줘야 효과적이다. 제품 설명을 할 때의 목소리톤과 비매너인 손님을 누를 때의 목소리 톤은 달라야 한다. 톤의 높낮이가 1부터 10까지 있다면 설명은 5로 하지만 제어를 할 때는 7 정도로 해줘야 상대가 느낀다. 말할 때도 5이고 제어할 때도 5로 하면 다른 분위기를 읽지 못하는 사람도 있다. 진상손님을 제압하고 누를 때 목소리 톤을 살짝 높이면 상대는 '어, 뭐지' 하면서 살짝 수그러든다. 그런 게 없이 설명하던 톤으로 말을 하면 그 사람은 받아친다. 그럴 때는 끊어내는 응대를 할 수 있어야 한다.

이틀이 지난 후 다시 시뮬레이션을 했는데, 손님 역할을 하던 직원이 다른 유형으로 설정을 해서 나타났더니 여직원은 여전히 못하고 또 헤맸다. 매장은 학교가 아니라 처음부터 끝까지 가르쳐줄 수는 없다. 고객 응대에 대한 고민이 충분히 되지 않은 것 같아서 안타까웠다. 그런데 장사를 배운다는 건 세상을 배우는 일이다. 개인적인 대인관계에서도 역시 맺고 끊는 걸 잘할 수 있어야 삶의 질이 좋아지지 않을까.

실수했을 때 현명하게 사과하는 법

요새는 쓰던 물건이 부서졌다면서 정신적 피해보상까지 해달라는 사람도 흔하게 볼 수 있다. 좌우 안경렌즈가 바뀌는 것 같은 치명적인 실수가 아니라 누구든 할 수 있는 가벼운 실수를 가지고 너무 기회로 삼는 사람이 많다. 한번은 "사장님은 실수 안 하세요? 사람이 살다 보면 누구나 실수하잖아요. 좀 봐줘야지요" 그럴 때도 있다. 하도 몰아붙이니까 "실수하면 안 되는 게 원칙이지만 그래도 사람이니까 하잖아요. 우리 직원들도 다 사람이고 젊은 친구들인데 실수할 수도 있죠"라고 하소연할 때도 있다.

얼마 전에 안경을 맞춰간 고객이 안경이 부러졌다며 전화했다. 백화점 할인매장에 갔는데 그곳에서 안경사가 우리 매장의 안경테를 헐뜯은 것 같다. 그 말을 듣고 우리 안경원에 전화해서 "들어보니까 거기서 하자 있는 거 팔았다는데"라며 보상을 해달라고 했다. 직원이 듣다가 너무 억지 주장으로 흘러가서 "그 제품에 대해서 문제 있다는 걸 증명하십시오. 우리도 공장에서 규격화된 제품을 만들기 위해 시설을 갖추고 있는데, 사장님이 증명하셔야죠"라고 했다. 아니면 소비자원에 피해 접수를 신청하는 수밖에 없으니까 정상적으로 절차를 밟으면 조치를 취해볼 수 있다고 했다. 그랬더니 이 사람은 "네가 접수해줘"라고 했는데, 직원이 하도 어이가 없어서 허탈한 웃음소리를 내니까 전화를 끊었다고 한다.

잘못된 걸 인지했을 때 사과를 하면 고객은 두 가지 유형의 태도를 보인다. "어 그럴 수도 있지" 하고 상황을 이해해주는 고객이 있고, 실수한 점을 어떻게든 이용하려는 고객이 있다. 전자라면 고맙겠지만 후자의 경우라면 잘 판단해서 적절하게 대응해야 한다.

이럴 땐 바로 사과하기보다 우선 시간을 끄는 것이 대처 요령이다. 너무 즉각적으로 바로 사과하면 진솔하게 응대한 보람도 없이 필요 이상의 피해를 뒤집어쓸 수 있다. 실수를 이용하려는 고객은 "그래서 나한테 뭐해줄래" 하는 태도가 된다. 바로 죄인 취급을 하면서 역이용하는 것이다. 그래서 일단 바로 사과하기보다 "확인해보겠습니다" 하고 시간을 좀 끄는 것이 심리전에서 유리해진다. 그래놓고 안 되는 것이지만 특별히 해주는 걸로 말하면 된다.

친절이 과하면 주고도 욕 먹는다

장사에 성공하려면 싸게 팔거나 기술이 있거나 친절하면 된다. 그런데 친절을 무기로 장사를 하는 건 그리 간단하지만은 않다. 친절하기만 하면 되는 업종도 있지만 그렇지 않은 업종도 있다. 친절하고 전문적인 상담을 하고 있는데 고객이 만족을 못하는 경우도 있다. 게다가 고객은 여러 가지 얼굴을 가지고 있어서, 친절이 과하면 거부반응을 일으키는 경우가 있다. 보통 우리는 모든 고객들에게 친절하게만 해주면 된다고 생각하지만, 잘못하면 선을 넘는 오버액션이 될 수 있다. '이 사람이 나에게 뭔가 원하는 게 있구나' 하고 느껴져서 오해의 감정이 생기기도 한다. "싹싹하고 좋다"고 말할 수도 있지만 '나한테 뭔가 팔려고 하는구나'라고 느끼는 순간 마음이 닫혀버린다.

장사에서 가장 좋은 친절은 적당한 거리를 유지한 채 편안하게 해주는 것이다. 너무 절도 있는 경우에도 친절로 느껴지지 않을 수 있다. 대기업 매장과는 달리 장사 집에서 90도로 깍듯이 고개를 숙인다든지 하면 고객들은 부담을 느낀다. 과잉친절로 느끼는 것이다.

가족이나 절친한 친구가 아닌 아주 가깝지는 않은 사람과 대화할 때를 생각해보자. 자를 들고 직접 거리를 재면서 시험해봐도 좋다. 50~60cm 정도 서로 얼굴이 떨어져 있는 상태에서 "잘 있었어?"라고 말을 걸어보자. 이때는 부담스럽지 않으면서 챙겨주는 것 같다. 그런데 10~15cm 가까이 얼굴이 다가오면서 "잘 있었어?" 한다면 굉장히 부담스럽다.

매장에서는 보통 사람보다 아주 약간만 더 친절하게 하면 되는데 직원들이 너무 오버하는 경우가 있다. 그런 걸 좋아하는 고객들도 간혹 있지만, 요즘에는 많은 경우에 오해를 산다. 백화점, 면세점 같은 곳에 가서 대접을 받는 데 익숙한 사람들은 과잉친절을 덜 부담스러워할 수도 있는데, 동네에서 장보는 게 전부인 아줌마에게 그러면 거부반응이 생긴다. 필요없는 것도 사야 될 것 같은 부담을 느끼기 때문이다. 그런 면에서 친절도 적당히 거리를 유지하면서 표현해야 한다. 과잉친절은 역효과다.

오히려 평상시처럼 사람을 대하면서 전문성을 채워주는 게 훨씬 더 좋은 결과가 될 수 있다. 신입 직원들은 "친절해라" 소리를 하도 듣다 보니까 과잉친절을 보이는 경우도 있다. 가장 중요한 것은 손님이 원하는 친절이 어느 정도인지 찾아내는 것이다.

원하지 않는 걸 제공하는 과잉친절

미용실에 머리를 하러 간 여성이 있었다. 머리를 말고 퍼머약을 바르고 기다리고 있는데, 직원이 갑자기 면도칼을 눈 쪽으로 갖다댔다. 깜짝 놀라서 소리를 빽 지르면서 뭐하는 거냐고 정색을 했다. 직원은 눈썹 정리를 해드리려 한다고 설명했다. 이렇게 물어보지도 않고 그냥 면도칼이 들어온다면 그것은 과잉친절이다. 미용실에서 면도칼은 예쁘게 해주는 도구로 쓰지만, 본질적으로는 사람을 해할 수도 있는 무기다. 원하지도 않는 눈썹 정리를 물어보지도 않고 해준다고 하면, '나를 연습할 마루타로 생각하나?' 오해할 수도 있다. 게다가 그 여성은 대학생 때 물어보지도 않고 훅 들어온 미용실의 면도칼에 눈썹 반이 잘려나갔던 경험이 있어서 트라우마가 생길 정도였다고 한다.

친절에 대해서 주장하는 책들을 보면 "무조건 친절하기만 하면 된다"고 하는 경우가 있다. **그러나 사람마다 다르고, 과잉친절이라면 또 얘기가 다르다. 대부분의 고객은 과잉친절이어도 개의치 않지만 그걸 싫어하는 사람들이 있다.**

안경은 오래 쓰다 보면 코받침 부분이 누렇게 변질된다. 안경원에 왔을 때 그걸 교체해주는 게 거의 일반화돼 있다. 그런데 나는 언젠가부터 "해주지 마라"고 이야기한다. 고객이 원할 때만 해주는 게 맞다고 생각해서다. 오래 쓰면 때가 끼니까 예전에는 고객이 원하지 않아도 서비스로 해주면 고마워한다고 생각했다. 그런데 이 서비스는 어딜 가도 해주기 때문에 더 이상 특별한 서비스가 아니다. 그래서 원하는 고객만 기분 좋게 해주라고 말한다.

말도 안 했는데 알아서 교체해줬을 때 경우에 따라서 화를 내는 고객이 있다. 이 코받침이 가장 편했는데 직원이 코받침을 바꿔버려서 불편하다는 것이다. 똑같은 코받침으로 바꿔줬으면 괜찮았겠지만 모양은 미세하게 조금씩 달라서 같은 걸 갖고 있다가 바꿔줬을 가능성은 희박하다. 이걸 바꿔줬을 때 모르고 집에 갔다가 다시 와서 원래대로 해달라고 화를 내는 사람도 있다. 그러면 그전에 붙어 있던 걸 찾느라 쓰레기통을 다 뒤져야 한다. "당신이 그걸 안 해줬으면 이런 일이 없잖아"라고 하면 할 말이 없다. 고객이 원하지도 않는 친절을 베풀어서 하나도 고마워하지 않는 상황이 된 것이다. 서로 에너지만 낭비되고 기분만 나빠지는 것이다.

과잉친절은 사실 경계선이 모호하다. 잘못하면 과잉친절, 잘하면 친절인데 적절하게 잘 컨트롤해야만 친절이 된다. 그 기준은 고객이 원할 때 해주는 것이다. 대신에 고객이 원할 때는 기분 좋은 생색이 있어야 한다. 고객이 쓰고 온 안경의 코받침이 너무 더러워도 처음부터 바꿔주지는 않는다. 그런데 고객이 퉁명스럽게 "이것 좀 갈아주세요" 했다면 "예" 하고 끝내지 말고, "아이고, 예~, 안경 코받침이 더럽네요. 제가 빨리 갈아드릴게요" 하고 한 번 더 리액션을 하는 것이다. 말을 좀 많이 하면 좋다. "제가 못 봤네요. 죄송해요. 빨리 갈아드릴게요" 하면서 미안해하는 느낌을 준다. 기분 좋게 하면서 생색도 내고, 원하는 걸 들어주니까 처음엔 기분이 좀 나빴어도 금방 누그러진다.

어차피 무료 서비스니까 싫은데 마지못해 해주는 느낌이 들면 안 된다. 그냥 짧게 "예" 하고 갈아주면 고맙지 않다. 무료 서비스를 받는 것임에도 불구하고 순간적으로 감정이 바뀌는 것이 고객 심리다. 그래도 부탁하는 걸 들어주는 거니까 조금이라도 미안한 느낌을 가지고 있을 테니 그 부분을 건드려줘야 한다.

이게 가능하면 장사에 끼가 있는 사람이다. 말 몇 마디만 더 하면 고객이 감동한다. 그러면 이 집은 뭔가 부탁해도 마음 편한 곳이 된다. '여기 사장님은 부탁해도 기분 좋게 잘해줘'라는 평판이 생긴다. 그러면 편안함 때문에 또 방문하는 곳이 되는 것이다. 돈 들여서 준비한 사은품보다 이런 돈 안 드는 리액션이 더 효과가 좋다. 그런 퍼포먼스를 잘 해야 이 집은 또 오고 싶은 곳이 된다. 무료 서비스를 해줘도 유료 서비스를 줄 때보다 더 기분 좋은 느낌을 주면 효과는 크다. 속으로야 돈을 지불받을 때가 더 좋겠지만 겉으로는 연기자가 되는 것이다. 장사하는 사람은 어느 정도 리액션을 잘하는 연기자가 돼야 고객 만족, 고객 감동을 실현할 수 있다.

앞선 장사 교과서 시리즈 '사장편'에서 사장은 기술을 갖춰야 하고 끼와 촉을 지녀야 한다고 했다. 끼는 달리 말하면 임기응변, 촉은 달리 말하면 예민함이라고 할 수 있다. 기술에는 정교함이 필요하지만, 친절에는 예민함을 장착하면 고객에게 디테일한 만족감을 줄 수 있는 것이다.

3분 요약 체크-Chapter.5 불만족한 고객 대응의 법칙

◎ **고객은 의심과 기대감 사이에 있다.** 고객들은 매장에 방문할 때 약간의 기대심리와 동시에 의심을 반드시 가지고 있다. 기대감과 의심을 동시에 가지고 들어온 고객의 의심이 점점 커져서 확신이 되고 불신이 되면 나가버릴 것이고, 기대감이 점점 커져서 만족이 되면 구매로 이어질 것이다. 따라서 장사는 누가 응대하느냐에 따라서 결괏값이 달라진다.

◎ **예민한 고객을 만족시키면 장사는 롱런한다.** 진상 고객은 상식적으로 납득할 수 없는 이유를 대며 클레임을 거는 사람들이지만, 예민한 고객이라면 좀 다르다. 불만족한 이유를 들어보면 거의 대부분 이해가 간다. 그래서 고객이 지적하는 예민한 부분까지 충족시킬 수 있다면 그 매장은 완벽한 곳이 된다.

◎ **생각지도 못한 고객은 어디에나 있다.** 사람들은 누구나 자기만의 기준이 있어서 상상하지도 못한 이유로 클레임을 거는 고객이 어디선가 튀어나온다. 그래도 장사하는 사람은 그걸 이해해야 된다. 장사하는 과정에서 으레 생기는 일이니까 그러려니 하고 받아들일 수 있는 아량이 필요하다.

◎ **참는다고 능사가 아니다.** 고객이 왕이라고 해서 진상 고객을 다른 소중한 고객과 똑같이 대우해주는 건 불공평한 일이다. 상식밖의 일을 허용한 채 반복되면 그 사람들은 어디 가서 고함만 지르면 장사하는 사람들은 다 들어준다는 마인드가 생길 것이다. 게다가 진상고객에게 상처입은 직원이 최선을 다할 리도 없을 뿐 아니라 높은 성과를 낼 수도 없을 것이다.

◎ **진상 고객은 평판관리 관점에서 접근한다.** 평판관리를 위해서 진상 고객을 품으려면 알게 모르게 보이지 않는 비용이 든다. 그렇지만 이런 관리는 씨앗이 되어 나중에 되돌아올 것이다. 눈앞에서는 마이너스라고 생각되어도 그 후에 보이지 않는 플러스는 상상을 초월한다. 그게 얼마나 플러스가 될지는 아무도 알 수 없다. 계산적으로만 따질 것이 아니라 진상 고객을 품는 비용은 홍보비라고 생각하면 된다.

◎ **오픈한 지 3년이면 무리한 요구도 받아들여라.** 매장 서비스에 불만족한 고객이나 진상 고객을 어디까지 받아줄 것인지는 합당한 기준이 있어야 한다. 만약 오픈한 지 3년이 지나지 않았다면 일단은 부당하다 느껴도 거의 다 들어줘야 한다. 일종의 터를 닦는 기간이다. 그 시기에 계산적으로 생각하면 잃는 것이 더 많다.

◎ **여러 번 오면 단골일까?** 손님의 관점과는 다르게 사장의 관점에서는 매장에서 돈을 많이 쓰고 간 사람이 단골이다. 한 마디로 VIP 개념이다. 자주 왔다고 해서 모든 고객에게 후한 서비스를 해주면 매장의 출혈이 심해서 생존에 문제가 생긴다. 안 되는 건 안 된다고 얘기해야 한다. 대신에 매출을 많이 일으켜주는 고객에게 서비스하는 건 투자가 된다.

◎ **호의가 고객의 불만으로 돌아올 때.** 특별하게 베푼 호의가 다른 손님에게는 차별로 느껴져 항의를 받을 때가 있다. 또 진상 손님이 터무니없는 클레임을 걸어 올 때도 있다. 이럴 때 원칙을 정확히 밝히고, 진상 손님에게 안 되는 걸 안 된다고 말하기 위해 예의를 갖춘 단호함이 필요하다.

◎ **친절이 과하면 주고도 욕 먹는다.** 장사에 성공하려면 싸게 팔거나 기술이 있거나 친절하면 된다. 그런데 친절을 무기로 장사를 하는 건 그리 간단하지만은 않다. 친절하기만 하면 되는 업종도 있지만 그렇지 않은 업종도 있다. 보통 우리는 모든 고객들에게 친절하게만 해주면 된다고 생각하지만, 잘못하면 선을 넘는 오버액션이 될 수 있음을 유념해야 한다.

에필로그

장사의 현장을 지키면 알게 되는 것들

장사에 처음으로 도전하는 초보가 오픈을 준비할 때는 기술을 갖추고 매장을 세팅하는 것이 급선무일 것이다. 그리고 매장을 오픈하고 나면 그때부터 잊지 말아야 할 것은 "사장은 절대 현장을 비우지 말라"는 것이다. 그때부터 고객을 응대하면서 배우게 되는 것들은 장사라는 업을 천직으로 알고 오래 지속하려는 사람들에게는 무엇과도 바꿀 수 없는 가치 있는 재료로 활용될 수 있다.

고객을 대할 때 처음에는 마치 변신로봇을 보는 것처럼 느낄 때가 있다. 가격 면에서 만족을 원하는 사람도 있고, 비싸도 최상의 품질과 최상의 서비스를 원하는 사람도 있다. 사소한 실수에도 소리를 지르며 화를 내는 사람이 있는가 하면, "사람인데 실수할 수도 있지"라며 관대하게 이해해주는 사람도 있다.

고객은 장사하는 매장을 방문할 때 '여기 괜찮겠는데' 하는 기대 심리와 '정말 괜찮을까?' 하는 의심을 함께 가지고 들어온다. 고객을 만족시켰다는 것은 의심은 사라지게 하고 기대심리는 충족시켰다는 것을 의미한다. 그래서 한 사람 한 사람 만족시키다 보면 어느새 장사 잘 되는 매장이 될 수 있는 것이다.

'우리 제품이 좋고 내가 기술이 뛰어나기 때문에 고객은 찾아오게 돼 있어'라고 생각할 수도 있지만, 장사를 오래 하면서 세상의 변화를 잘 따라가려면 결국엔 고객을 알아야 한다. 개별 고객에 맞는 대응을 잘 하려면 이 책에 나오는 고객의 특성 파악과 대화의 스킬에 대해 훈련되어 있어야 한다. 매장이 크다면 사장뿐 아니라 직원들도 고객을 알아야 하는데, 이 부분에 대해서는 다음 시리즈 '직원편'에서 자세히 다룰 것이다.

장사 초보에게는 이 책이 처음엔 어렵다고 느껴질 수도 있다. 고객의 다양성 때문인데, 관심을 갖고 이 문제를 고민하고 있던 사람에게는 또 다르게 느껴질 것이다. 장사를 하다 보면 하나하나 마음에 와닿고 천천히 공감할 수 있으므로 너무 걱정하지 않아도 된다. 처음에는 고객의 기대심리와 의심하는 마음이 첫방문과 재방문에서 같을 수 없다는 것만 이해해도 충분하다. 그 두 부류의 고객군에 조금 다른 관점에서 응대하는 것만으로도 큰 도움이 될 것이다. 그밖의 고객 유형은 한번 쭉 훑어보는 것으로도 좋고 필요할 때마다 나중에 다시 한 번 본다면 충분히 공감할 수 있을 것이다.

얼마 전에 오픈 전인 안경사 후배들을 컨설팅하면서, "어떤 걸 하고 싶어?"라고 물었다. "안경원에 가면 디테일한 설명을 안 해주는데 그걸 문서화해서 고객들에게 정밀하게 서비스하는 콘셉트로 하고 싶다"고 했다. 전문화 콘셉트라 나쁜 방법은 아니었다. 그러나 "너희들이 생각하는 방법으로 하는 데가 몇 군데 있다. 양식의 차이는 있지만 그런 프로세스를 하고 있는 데가 많아지고 있다. 물론 안 해주는 것보다야 그게 낫겠지만 그렇게 해줘도 크게 뭔가 받았다는 감동은 못 줄 것이다. 업계 안에서 차별화를 찾지 말고 다른 데서 찾아봐라" 하고 조언을 해줬다.

나의 경우는 안경원에서 전문적인 피팅을 받는 경험을 제공하고 있다. 첨단화된 기계를 활용해 한 번도 해보지 못한 경험을 제공하는 것이 매장의 프로세스를 만들 때 목표한 것이었다. 마지막 피팅은 내가 마무리를 해주는데, 하루는 고등학생 때부터 안경을 꼈다는 50대 후반의 손님이 피드백을 주었다. "안경을 45년 정도 꼈는데 이렇게 꼼꼼하게 해주는 안경원은 처음이에요." 그 고객은 정교

한 피팅은 처음 경험했다는 표현을 그렇게 한 것이다. “예, 고객님, 저는 그런 자부심으로 일하고 있습니다”라고 대답했더니, “역시 프로네요” 하고 말했다.

각자가 업종별로 이런 부분을 항상 고민해야 한다. 보통은 경험을 직접적인 경험과 간접적인 경험으로 나누는데, 나는 조금 달리 표현해서, 육체적인 경험과 정신적인 경험으로 나누었다. 정신적인 경험은 인테리어, 분위기 등을 말하는 것으로 보이지 않는 감성에 어필하는 것이다. 육체적인 경험은 내 행동에 의해 고객이 한 번도 느껴보지 못한 걸 제공하는 것이다. 이걸 찾기가 쉽지 않은데, 업계 내부에서 찾으려고 하면 센세이셔널한 게 안 나온다. 다른 업종에서는 어떤 것들이 히트하고 있는지 항상 세상에 관심을 두고 찾아보고 고민하다 보면, 경험에 대한 시너지 효과를 극대화시킬 수 있는 아이디어가 나온다.

고객 만족을 지속시킬 수 있어야 장사도 오래 할 수 있다. 고객 만족에 대한 방법적인 부분들은 평소에도 꾸준히 고민하고 연구해야 한다. 그런 것들을 반영하면서 매장을 더 좋은 방향으로 업그레이드해 나가는 것이 잘 되는 장사를 오래 하는 비결이다. 세상이 변하고 있다는 것은 경력 사장에게나 초보 사장에게나 기회가 균등하게 열려 있다는 뜻이다. 지금이야말로 좀 더 공부하는 사람이 좀 더 부(富)를 가져갈 것이다.

애프터 코로나 비즈니스 4.0

선원규 지음 | 18,000원

강력한 생태계를 만들어가는 플랫폼 사이에서
생존하는 콘텐츠를 발견하라!

앞으로의 미래 시장에서 살아남으려면 플랫폼과 콘텐츠 중에서 어떤 것에 중점을 두어야 할까? 이 책은 이 문제에 대해 해결점을 찾아갈 수 있도록 플랫폼과 콘텐츠를 자세히 다루고 있다. 현 사회와 플랫폼과 콘텐츠의 상관관계를 이야기하며 플랫폼과 콘텐츠 사업모델의 다양한 종류를 소개한다. 또한 어떻게 해야 강력한 플랫폼과 콘텐츠를 만들 수 있을지 그 전략을 설명하며 앞으로의 미래 시장의 전망을 다루고 있다. 이 책을 통해 수많은 콘텐츠가 유입되는 사랑받는 플랫폼, 플랫폼의 러브콜을 받는 콘텐츠를 개발할 수 있을 것이다.

턴어라운드 4.0

이창수 지음 | 17,000원

하이 아웃풋(High Output)을 만들어
기업의 턴어라운드를 발생시키는 전략 통찰법!

《턴어라운드 4.0》은 기업의 멋진 항해를 도와주는 도구인 환경과 시스템을 구축하기 위해 기업과 경영인이 갖춰야 할 전략과 통찰을 정리한 책이다. 저자의 30년의 경험이 녹아 있는 기업의 턴어라운드 프로세스는 언제 사라져도 이상하지 않은 부실기업을 '강력한 기업'으로 재탄생시켜줄 수 있는 비결을 상세히 알려준다. 어려운 상황에서도 기업의 성공과 발전을 달성할 수 있도록 미래를 정확하게 예측하고 철저히 기획하는 데 이 책이 큰 도움이 될 것이다.